AGENT
Amsterdam

AF608711

Editorial Note

The book series *AGENT. New Theses in Performance Research* aims to provide a public forum for the dissemination of excellent research in the field of Theatre and Performance Studies. It encourages outstanding young researchers to contribute their Master and PhD dissertations focussing on topics related to dance, theatre and performance in a global context, as well as music theatre, video art, installation art, activist performances and digital theatre. These works are written in English or Dutch and are informed by philosophical approaches to aesthetics and ethics, by sociological and political concepts as well as critical postcolonial, queer and gender theories. Access to such research texts brings a knowledge of historiographical and theoretical foundations to the public.

AGENT. New Theses in Performance Research is a co-operation between Belgium and The Netherlands – two countries internationally known for their innovative and radical forms of experimental theatre. The editors of this series, Prof. dr. Kati Röttger (chair of the Institute of Theatre Studies at the University of Amsterdam) and Prof. dr. Katharina Pewny (Professor for Performance Studies at the University of Gent) champion international work on theatre and performance and promote its mediation in English, Dutch and German languages.

Katharina Pewny and Kati Röttger

AmsterdamGENT – New Theses in Performance Research

Volume 6

Kati Röttger and Katharina Pewny, Eds.

Suzanne Knip-Mooij

Bewegen in gelatenheid

Een kleine fenomenologie van performance

Tectum Verlag

Suzanne Knip-Mooij

Bewegen in gelatenheid.
Een kleine fenomenologie van performance

ISBN 978-3-8288-3552-8
ISSN 2196-4599

AmsterdamGENT
New Theses in Performance Research | Vol. 6
Series edited by Kati Röttger (University of Amsterdam) and Katharina Pewny (University of Gent)

Coverillustration: © Umschlagabbildung: 08.09.2012 - 21.10.2012, 2012, Giorgio Andreotta Calò
Printed and bound by: CPI buchbücher.de, Birkach, Germany

Visit us at: www.tectum-verlag.de

FSC www.fsc.org MIX Papier aus verantwortungsvollen Quellen FSC® C083411

Bibliografische Informationen der Deutschen Nationalbibliothek
Die Deutsche Nationalbibliothek verzeichnet diese Publikation in der Deutschen Nationalbibliografie; detaillierte bibliografische Angaben sind im Internet über http://dnb.ddb.de abrufbar.
A CIP catalogue record for this book is available from the **Deutsche Nationalbibliothek**.

TABLE OF CONTENTS

AANLEIDING & INLEIDING

Aanleiding: 'When I say pleasure my leftside opens up'

In de zaal bevinden zich een klein podium, een witte balletvloer, gestripte muren en een geluidsinstallatie bestaande uit een kleine mengtafel, een monitor en twee boxen. Links voorin zit een man met zijn handen op zijn dijen, het hoofd naar beneden. Hij draagt een witte spijkerbroek en een blauwe trui met capuchon, die hij over het hoofd heeft getrokken. Zodra het publiek is gaan zitten start de muziek, die het midden houdt tussen soul, R&B en jazz. Vervolgens begint de man, nu nog met het hoofd naar beneden, te 'zingen'. Zijn stem wordt vervormd. Gek genoeg klinkt de blikkerige kwaliteit van het stemgeluid dat wordt voortgebracht vertrouwd in de oren. Het doet denken aan de gladgestreken productie van popliedjes waarin scherpe randen van stemgeluiden worden 'weggegumd' door een *autotune*-mechanisme. Wat de man ook voor geluid produceert - hij zou in theorie kunnen praten - het wordt opgenomen in de harmonische compositie van de begeleidende muziek. Zijn stem wordt volledig geautomatiseerd. De man zingt-spreekt teksten als: 'What's this situation?, 'What's happenin'?' Wanneer hij begint te bewegen wordt duidelijk dat zijn vragen gericht zijn op *alles* wat zich in de zaal bevindt: de muur, de balletvloer, de speakers en zelfs het publiek worden op dezelfde manier tegemoet getreden. Hoe? Er wordt niet enkel in woorden tegen ze gezongen. Ze worden ook aangeraakt, omarmd of omgegooid. De woorden die worden gesproken monden steeds uit in R&B-achtige uithalen die simultaan met pulserende, persende bewegingenreeksen worden uitgevoerd. Het zingen wordt begeleid door bewegingen, of eerder, met elke klank ontstaat er beweging en door de bewegingen vinden de klanken plaats. Het lijkt of ze dezelfde achtergrond delen, alsof ze uit dezelfde bron worden opgediept. Ze delen hetzelfde aanstekelijke ritme. Er wordt van de toeschouwer gevraagd aan dit ritme deel te nemen door bij de vragen in beweging en klank aanwezig te zijn.

De performance Soulsqueezing (2011) van de hand van componist en choreograaf Tian Rotteveel (1984) stelt zich tot doel 'klank, beweging en ontologie als gelijke parameters van elkaar [...]' te behandelen én uit te werken. De performance wordt een 'ontological stuttering machine' genoemd. [1] Gewoonlijk wordt ontologie, als leer van wat is, tot het domein van het denken en meer specifiek tot het domein van de wijsbegeerte gerekend. Echter, de aard van de ontologische vragen die Rotteveel stelt is opmerkelijk en zorgt ervoor dat datgene wat vertrouwd aan de wereld is met andere ogen bekeken wordt. Rotteveel ontsluit langzaamaan een dimensie van wereld via zijn choreografie van klank en beweging waarin de mogelijkheid ontstaat op een andere manier vragen te stellen dan gebruikelijk lijkt. Hij bevraagt het zijn zelf via beweging en muziek en dat levert waardevolle 'antwoorden' op. In het begin van de performance zingt hij: 'Something's happenin', 'I mean, I feel some kind of pleasure. But I don't want to enter into the discussion of pleasure. When I say pleasure, my left side opens.' Rotteveel wil niet een verhandeling over het begrip 'genot' geven, maar laten zien hoe genot in de wereld plaatsvindt. Hij doet dat door, al stotterend, te verwoorden wat het gevoel van genot bewerkstelligt. Dat laat vervolgens iets zien over de manier waarop genot functioneert. De dimensie die door Soulsqueezing wordt geopend brengt een verbinding met de wereld tot stand die anders is. Het is of er door aanwezig te zijn bij deze performance kennis genomen wordt van een oorspronkelijk verband waarin de hele mens is opgenomen. Door wat zich in de performance ontvouwt wordt deze dimensie ervaarbaar gemaakt voor de toeschouwer.

---

1 30 mei 2013. 'https://vimeo.com/48325729.'

Inleiding: Gelatenheid en performance

Dit onderzoek is ontstaan vanuit het verlangen de ervaring van de wereld die in *Soulsqueezing* wordt aangereikt van een denkend equivalent te voorzien. Ik sluit me het liefst aan bij de bovenstaande woorden van Rotteveel. Ik wil niet deelnemen aan esthetische discussies rond bijvoorbeeld het begrip 'genot'. Toch zal ik me niet zomaar aan dat gesprek kunnen onttrekken wanneer ik een onderzoek situeer binnen de onderzoeksgebieden van theaterwetenschap, *Performance Studies* en filosofie. Wanneer het op een performance als *Soulsqueezing* aankomt wil ik het liefst geen essentialistische claims leggen door de aard van performances geforceerd in filosofische concepten te vangen. Een ervaring als deze wil ik eigenlijk het liefst met rust laten. Toch blijft mijn interesse overeind in wat Rotteveel als laatste aan zijn uitspraak toevoegt: 'When I say pleasure, my left side opens.' In deze laatste woorden klinkt iets door van dat waar ik het over wil hebben, maar vooral ook van de manier waaróp ik het ter sprake wil brengen.

Soulsqueezing levert iets op wat niet kwantificeerbaar is, maar wel van grote waarde lijkt: een andere verstandhouding met de wereld. Het onderzoek is een zoektocht naar een idioom om het soort éénheid met de wereld waar Soulsqueezing aan appelleert te laten gebeuren. Wat ik tot mijn beschikking heb zijn woorden. Dat leidt naar een vraag: 'Hoe ziet zo'n idioom eruit?' Het ontologische stotteren van Rotteveel opent de blik naar een wereld waar 'denken' ambigu wordt en daardoor aan herziening toe lijkt. Rotteveel 'denkt' de esthetische categorie van het genot met zijn linkerzijde. Uit dat soort formuleren spreekt een vooronderstelling dat de vanzelfsprekendheid van de grens tussen doen en denken, tussen theorie en praktijk bevraagd dient te worden. 'Wat is denken?' Door het stellen van deze vraag treed ik in de voetsporen van Martin Heideggers' wijsgerige project de metafysica te 'overwinnen'. Dat klinkt pompeus wellicht. Toch is dit het uitgangspunt en zal blijken dat het een zeer voorzichtige, consciëntieuze en zelfs bescheiden aanpak vraagt. Metafysica staat voor een soort denken, dat ervoor zorgt dat de hierboven beschreven dimensie van wereld en onze verbondenheid ermee uit het zicht is geraakt. Daarvoor in de plaats is een niet aflatend verlangen naar hereniging gekomen. Voor

Heidegger ligt een beantwoording aan dit verlangen in een denken, dat de denker en zijn wereld weer met elkaar in contact brengt. De naam die Heidegger aan dit denken en aan de oorspronkelijke verbondenheid tussen wereld en mens geeft is gelatenheid. Het is mijn opvatting, dat gelatenheid en daarmee een alternatief voor de metafysica, kan worden gevonden in een onderzoekspraktijk die 'samenwerkt' met performances als Soulsqueezing. Die samenwerking komt tot stand in de zoektocht naar een idioom dat deze samenwerking mogelijk maakt.

Overzicht

De stappen die worden ondernomen om het denken te oefenen zijn tweeledig. In deel I wordt er een methodische handleiding ontwikkeld die het kompas van dit onderzoek vormt. Daarin wordt de specifieke methodiek van Heideggers' denken uit de doeken gedaan. Vervolgens zal er een kleine geschiedenis en contextualisering van het concept gelatenheid volgen. Het boek *Gelatenheid* van filosoof Gerard Visser (1950 –) wordt als uitgangspunt voor de behandeling van het concept genomen. Gelatenheid wordt eerst, in navolging van Visser, opgevat als een dimensie van leven, een *levenshouding* die wordt uitgewerkt aan de hand van de geschriften van de scholasticus Meister Eckhart (1260-1328). Vervolgens wordt gelatenheid als een *denkwijze* vanuit Heideggers' opvatting uitgewerkt. Deel I wordt afgesloten met een exploratie van het begrip performance waarin de huidige stand van denken hierover binnen performance-, en theaterwetenschap wordt opgemaakt. De nadruk zal hier komen te liggen op publicaties waarin de begrippen performance en performativiteit als een soort denken worden opgevat. Tenslotte wordt een perspectief op performance ontwikkeld dat bij een gelaten denkwijze en methode aanhaakt. Dit perspectief bestaat uit een oorspronkelijk begrip van de toeschouwer als *theoros*.

In deel II wordt er met de methode die uit deel I wordt opgediept uitgebreid geëxperimenteerd. Het is een onderneming waarin een gelaten denken als één grote beweging wordt geoefend. Als een beweging die geen einde kent. Als een bewegen.

DEEL I METHODE & CONCEPTEN

ONTOLOGISCH-FENOMENOLOGISCHE METHODE

1.1 Het gaat om 'het ding'

Er zal worden ingestoken op de specifieke ontologisch-fenomenologische methode die Heidegger voor het eerst in *Sein und Zeit* (1927) onder woorden brengt. Meer toegespitst echter, zal in navolging van de latere Heidegger en zijn opvattingen over 'het ding' aan een vrij rigoureuze methodische taal worden blootgesteld. Daarbij is het van belang het volgende in gedachten te houden: *Alles begint bij de ontmoeting met een performance en alles komt uiteindelijk via deze weg terug. Vanuit hier wordt de theorie ontvouwd en naar deze gebeurtenis keert het schrijven zich toe.* De keuze om de methode van Heidegger op te nemen en deze zelfs te radicaliseren ligt hierin: Niemand is erin geslaagd de dingen en de wereld waarin we ze tegenkomen zo te benaderen als Heidegger dat doet. In *Production of Presence* (2004) geeft Gumbrecht dezelfde insteek als volgt weer:

> One of my reasons for the decision to try and explore Heidegger's concept of "Being" came from the impression that it was no longer enough for us to state continually how tired we are in the humanities of a repertoire of analytic concepts that can only give us access to the dimension of meaning. In other words, once again, it is time to break certain discursive taboos (time to get one's hands dirty), time to develop concepts that can at least begin to grasp phenomena of presence, instead of just having to bypass this dimension.2

Waar Gumbrecht meaning tegenover presence positioneert en van de productie van één van de twee spreekt zal dit onderzoek

2 Gumbrecht. Production of Presence, 78.

proberen niet alleen óver de methoden en concepten van Heidegger te spreken. De taal die in de latere werken van Heidegger voorkomt vraagt een andere aanpak. Waar Gumbrecht via Jean-Luc Nancy's The Birth of Presence de nadruk legt op de "extreme temporaliteit" van presence, zal ik beargumenteren dat een samenwerking tussen een performance en onderstaande methode de specifieke temporaliteit of efemeriteit van ervaringen wel degelijk kan overstijgen zonder ze direct tot 'niets' te reduceren. Wanneer de aard van ervaringen op deze manier wordt verwoord, zal Gumbrecht's ambitie de handen vuil te maken, te experimenteren met de kans op mislukking in een ander soort denken worden nagejaagd. Dat is de reden om Heideggers' methode te volgen.

1.2 Over een Ungefüge en Unschöne methode

Heideggers' ontologisch-fenomenologische methode bestaat uit een beweging van drie stappen. Reductie, destructie en constructie vormen de basis voor een werkwijze die zo radicaal is, dat Heidegger zelf het resultaat zelfs lomp en lelijk noemt. Dat alles doet hij ten behoeve van wat hij de vraag naar de zin van het zijn noemt.[3] Hij beweert dat het westerse denken, dat onder filosofen wordt vertegenwoordigd door de geschiedenis van de metafysica, aan chronische amnesie ofwel 'zijnsvergetelheid' lijdt. De vraag naar de zin van zijn, de ontologische opgave die centraal staat in *Sein und Zeit*, wordt in §7 van datzelfde werk verbonden aan een specifieke methodiek die vanuit een dialoog met de Husserliaanse fenomenologie ontstaat. Edmund Husserl (1859-1938) was Heideggers' leermeester en is tevens grondlegger van de traditionele fenomenologie.

Er wordt afscheid genomen van de traditionele opvattingen rond ontologie en fenomenologie ten faveure van wat Heidegger later 'een stap terug' zal noemen.[4] De zin van zijn moet worden

---

3 Vgl. Heidegger. *Sein und Zeit*, 38-39

4 Vgl. Heidegger. 'Das Ding', 174. In de voordracht 'Das Ding' (1950) maakt Heidegger een stap terug uit het voorstellende, verklarende (verlichte) denken richting het nadenkende denken: 'Wann und wie kommen Dinge als Dinge? Sie kommen nicht durch die Machenschaft des Menschen. Sie kommen aber nicht ohne die Wachsamkeit der Sterblichen. Der erste Schritt

ontrafeld. Het westerse denken moet zich richten op de beantwoording van de vraag wat het 'zijn' is en waartoe we op deze wereld 'zijn'. Deze vraag is de eerste vraag van de wijsbegeerte. Hij werd voor het eerst opgeworpen in de Griekse oudheid door denkers die nog voor Plato en Aristoteles leefden (de presocratici). Wanneer deze vraag over het hoofd wordt gezien gaat het volgens Heidegger mis en is het daardoor met de metafysica niet goed gesteld. Hoe gaat Heidegger deze zijnsvergetelheid te lijf? In plaats van te kiezen voor een totale destructie van de metafysica, zoals Heideggers' methode dikwijls wordt opgevat, en het verklarende en oorzakelijke denken dat daaruit voortvloeit zonder meer aan de kant te vegen, blijkt uit Heideggers' methodieken dat hij een andere oplossing voor het probleem ziet.

Zijn inzet is eerder op te vatten als 'grassroots'-stijl. Het begint voor Heidegger allemaal bij de bescheiden ontmoetingen met de dingen in ons dagelijkse leven. Hij herinterpreteert daarmee het fenomenologische adagium 'zu den Sachen selbst!' en neemt de vertrouwde leefwereld uiterst serieus. '[A]us den sachlichen Notwendigkeiten bestimmter Fragen und der aus den "Sachen selbst" geforderten Behandlungsart kann sich allenfalls eine Disziplin ausbilden.'[5] Hierin schuilt het originaire van Heideggers' aanpak; hij diept uit het Husserliaanse adagium een grondtoon op die vervolgens de kern van zijn filosofie wordt. Hieronder worden de drie stappen van zijn aanpak kort uitgelegd.[6]

Er vindt een reductie plaats van de manier waarop de dingen, die hij zijnden noemt, tegemoet worden getreden. Hierin is hij schatplichtig aan Edmund Husserl die de fenomenologische reductie op onze natuurlijke houding in bovengenoemd adagium allereerst voorstelde. Deze houding houdt een ervaring van wereld in die verbonden is aan opvattingen van de metafysica. Het probleem met die ervaring is dat het lijkt alsof het de enige manier is waarop met de wereld in contact kan worden getreden. Husserl stelt vervolgens

---

zu solcher wachsamkeit ist der schritt zurück aus dem nur vorstellenden, d.h. erklärenden Denken in das andenkende Denken.'

5 Heidegger. Sein und Zeit, 27.

6 Deze drievoudige methode kwam voor het eerst onder de aandacht tijdens een gesprek met Gerard Visser. Vgl. Visser. De druk van de beleving, §39.

dat deze natuurlijke houding helemaal niet zo vanzelfsprekend is als zij lijkt en stelt voor deze zienswijze te reduceren door hem te suspenderen, ofwel tussen haken te plaatsen. Deze *epoché* is het startpunt van de fenomenologische methode. Hij streeft er uiteindelijk naar door fenomenologisch onderzoek terug te gaan naar de 'leefwereld' en naar 'de dingen zelf.'

Heidegger stelt een destructie van deze houding voor door de taal van de filosofie voorzichtig af te breken, te destrueren. Het is alsof Heidegger via een cirkelende beweging het erf van de wijsbegeerte begint schoon te vegen. Wanneer vervolgens enkel de *Notwendigkeiten* die de daardoor geïnstigeerde informele ontmoeting met de dingen opleveren over zijn gebleven, wordt er precies met deze nederige 'materie' uitvoerig in gesprek getreden. Hij neemt daarin een andere route dan Husserl doordat hij het terug naar de *Sachen selbst* ontologisch interpreteert. Aan het einde van de paragraaf komt hij terug op dit huwelijk door ronduit te stellen: '*Ontologie ist nur als Phänomenologie möglich.*'[7] Heidegger is de eerste die voorstelt daadwerkelijk terug te gaan naar een denken waarin de wereld als 'leefwereld' wordt opgevat. Dat gebeurt door een nieuwe taal te ontwerpen die het denken van de dingen in de wereld als 'objecten', in gebruik genomen door mensen, 'subjecten' voorkomt. Dat doet hij door alles in termen van 'zijn' te herinterpreteren, want zoals de oude Grieken al wisten, zijn kun je niet manipuleren, je kunt het alleen door het te *laten* je toe doen vallen.

Dit is de laatste beweging van de methode die hier de naam constructie krijgt toebedeeld. Aan de ontwikkeling van een nieuw denken en een nieuwe taal wordt het grootste gedeelte van dit onderzoek besteed. Het woord 'constructie' klinkt nu zelfs ongelukkig in de oren, omdat het de subject-object verhouding van een berekenend denken in herinnering roept. Deze laatste beweging is de allerbelangrijkste en tegelijkertijd de grootste uitdaging. Vandaar dat er in dit stadium eerder een naamloos etiket op zou moeten worden geplakt. Zijnsvergetelheid noopt de onderzoeker terug te keren naar de oorsprong, de aarde, het ruwe materiaal van de meest 'ordinaire' dingen uit het leven. Het schrijven en de neologismen van Heidegger worden achtereenvolgens radicaal, ruw

---

7 Heidegger. *Sein und Zeit*, 35.

en 'grassroots' genoemd vanwege een korte opmerking aan het einde van paragraaf zeven. 'Mit Rücksicht auf das Ungefüge und "Unschöne" des Ausdrucks innerhalb der folgenden Analysen darf die Bemerkung angefügt werden: ein anderes ist es, über Seiendes erzählend zu berichten, ein anderes, Seiendes in seinem Sein zu fassen.'[8] Dit is waar de methodiek op inzet; een taal te ontwikkelen om zijnden in hun zijn te vatten en afscheid nemen van een taal die streeft naar heldere, zelfevidente informatie over de wereld. Daarmee wordt een terrein betreden waarin geen maakbaar ideaal de klok slaat, maar eerder een vermogen de dingen te ontvangen in al hun ambiguïteit.[9]

1.3 Ding en wereld als onderzoeksobjecten

Waar werkt deze 'grassroots'-methode naartoe? Dat wordt duidelijker wanneer het object van de fenomenologie, dat wat tot nog toe 'de dingen' werd genoemd, nader bepaald wordt. In dat verband keert Heidegger terug naar de Griekse wijsbegeerte: 'Phänomenologie sagt dann: *apofainestai ta fainomena*: Das was sich zeigt, so wie es sich von ihm selbst her zeigt, von ihm selbst her sehen *lassen*.'[10] In deze uitspraak ligt het ritme besloten dat ook zijn opvatting van wereld en daar doorheen dat van de dingen kenmerkt. De wereld, waarin de mens en de dingen zijn, is op te vatten als een verband van een zich voortdurend openende en een zich vervolgens sluitende beweging. De wereld, opgevat in termen van zijn, is een werkwoord; de wereld wereldt. Dat houdt in: zij opent zich om het zijn te laten zien en het vervolgens ook steeds weer te verbergen. Het gaat er hier bij uitstek *niet* om een wereldbeeld op te zetten waarin er een werkelijke dimensie schuil zou gaan *achter* de verschijning van dingen. Dat zou een al te

---

8 Heidegger. *Sein und Zeit*, 38-39.

9 In deze paragraaf wordt nog over 'de dingen' gesproken in navolging van de fenomenologische maxime 'terug naar de zaken zelf!' Daarna zal worden overgeschakeld naar het begrip fenomeen ter aanduiding van het object van de fenomenologie. Toch zal, ook voor Heidegger, uiteindelijk de voorkeur weer uitgaan naar het woord 'ding'. Op die manier is het mogelijk de ontwikkeling van het 'ding-begrip' in Sein und Zeit als het ware 'chronologisch' te volgen.

10 Heidegger. *Sein und Zeit*, 34. Cursivering toegevoegd.

oculaire opvatting zijn van iets wat adequater in ruimtelijke metaforen kan worden uitgedrukt. Hiermee komen we terug op wat eerder de ambiguïteit van dingen werd genoemd. Wanneer alles in termen van zintuigelijke ervaring wordt uitgedrukt bestaat het risico, dat de waarheid wordt opgevat als iets wat 'helder' kan worden doorzien en waar we 'direct' oog in oog mee kunnen staan. Dat levert problemen op, omdat zoiets als waarheid juist een karakter heeft dat zich telkens verbergt. Dat wat er werkelijk toe doet, verbergt zich steeds voor ons en laat zich nooit direct gelden. Het is alsof het zijn van de dingen, de existentie van de mens, het werelden van wereld een zeer verlegen dimensie behelst die enkel verleid kan worden door geduld en een bereidheid deel te nemen aan het ritme dat hun zijn kenmerkt.

Hoewel Heidegger in het laatstgenoemde citaat wel degelijk van 'sehen lassen' spreekt moet de nadruk niet worden gelegd op het woord 'sehen', maar juist op het woord 'lassen'. De wereld, opgevat in een dimensie van laten, is een openheid waar de mens deel van uitmaakt en zodanig mee vertrouwd is, dat er iets meer voor nodig is om haar in het zicht te brengen dan enkel te kijken. Door een specifiek ding of zijnde als onderzoeksobject te nemen en deze aan de bewegingen van reductie, destructie en constructie bloot te stellen blijft de openende dimensie van wereld waarin ze zich aan ons voordoen behouden in het wetenschappelijke schrijven. Maar waar blijft de onderzoeker zelf in deze verhouding?

Wanneer het begrip fenomeen wordt teruggewerkt tot zijn oorspronkelijke betekenis wordt duidelijk welk soort omgang met de wereld en 'de dingen zelf' daarin besloten ligt. '*Phänomen* – das Sich-an-ihm-selbst-zeigen – bedeutet eine ausgezeichnete Begegnisart von etwas.'[11] *Phainomenon* als het 'zichzelf openbarende' duidt een 'iets' dat enkel door een specifiek tegemoet treden aan de dag kan komen. Het bij uitstek fenomenale van het fenomeen is dat wat verborgen is en zich enkel *laat* ontsluiten. De vraag is vervolgens in hoeverre dit object van de ontologie, het zijn dat zich in ieder zijnde (ding) ophoudt, gedwongen kan worden uit de

---

[11] Heidegger. *Sein und Zeit*, 31.

achtergrond naar voren te treden.[12] Toch streeft de fenomenoloog ernaar dit verborgen-zijn telkens te ontlokken.

De uitwerking van het begrip *Logos*, het laatste deel van het woord 'fenomenologie' getuigt daarvan. *Logos* wordt opgevat als 'een openbaar maken' of nog beter 'een *laten* zien', doordat het datgene waarvan sprake is, ter sprake brengt. 'Die Rede "läßt sehen" ἀπὸ...von dem selbst her, wovon die Rede ist.'[13] *Logos* wordt niet opgevat als één enkel woord, zoals het object van de fenomenologische methode ook niet dit of dat specifieke ding is. Het gaat hier om het processuele karakter van een gebeurtenis die plaatsvindt door een denken dat, zich telkens openstellend, naar verbinding zoekt. De methode van Heidegger, die uit een beweging van reductie, destructie en constructie bestaat, echoot als het ware het ritme van de wereld. Via deze denkbeweging neemt de denker deel aan het werelden van wereld en ontsluit het zijn van dingen door ze ter sprake te brengen.

Het is daardoor ook niet verwonderlijk dat Logos als betrekkingswijze en verhouding wordt opgevat. Het fenomeen wat zich verbergt, krijgt het denken uitgedrukt in Logos als open plek in het bos aangeboden. Met andere woorden; het fenomeen is niet simpelweg op te vatten als een ding of specifiek object, maar krijgt alleen kleur wanneer het wordt ontsloten in verbondenheid met de wereld waarin een mens het tegemoet treedt. Wanneer deze mens vervolgens door de drievoudige beweging van de fenomenologisch-ontologische methode in een fenomenoloog verandert krijgt hij de kans zijn alledaagse, vertrouwde omgang met de wereld om te

---

12 De eerder beschreven rigoureuze fenomenologische methode lijkt te suggereren dat dit mogelijk is. De paradoxale strenge kwaliteit van deze methode tegenover een object dat zich enkel vanuit zichzelf laat zien is opmerkelijk. Ik suggereer dat de latere ding-essays dit dwingen duidelijker uitwerkt als overgave aan de regels van een gelaten verhoudingswijze. Daarin echoën de woorden van Eckhart: 'Maar ik prijs afgescheidenheid boven alle liefde. In de eerste plaats omdat het voornaamste van de liefde is dat zij me dwingt God lief te hebben, terwijl daarentegen afgescheidenheid God dwingt om mij lief te hebben.' (Eckhart. *Over God wil ik zwijgen*, 350.) De suggestie is dat deze omkering ook opgaat wanneer God wordt vervangen door 'zijn' en afgescheidenheid door gelatenheid.

13 Heidegger. *Sein und Zeit*, 32.

zetten naar een taal die deze verhoudingswijze recht doet. Dan is de onderzoeker geen heerser meer die de wereld zijn ideeën en concepten oplegt, maar is hij een ambachtsman die zijn ervaring van het opgenomen-zijn in een wereld expliciteert door deze dimensie voorzichtig te verleiden op de voorgrond te treden. Het denken en schrijven is een uitnodiging aan het zijn om zich te openbaren en het betekent een deelname aan deze ontsluiting van het zijn in de taal. In het woord Logos ligt de deelname aan een gebeurtenis besloten die een werkelijke ontmoeting met het fenomeen mogelijk maakt, juist door haar te láten. Het is niet alsof de taal het zijn vangt en vasthoudt, alsof fenomenologie het zijn in steen bijtelt. Het -logos in 'fenomenologie' getuigd mee van het bestaan van een andere dimensie van wereld door haar telkens opnieuw mee te beschrijven. Daarmee echoot Logos dat wat de wereldlijkheid van wereld inhoudt; de open aard van de wereld die telkens, als in een ritmisch ademen, het zijn verbergt en ontsluit. De ontmoeting tussen het fenomeen en de fenomenoloog die uit de samentrekking van Phainomenon en Logos tegemoet treedt betekent een deelname aan deze gelaten ademtocht.

GELATENHEID

1.4 Transcendent denken

Wat tot nu toe is beschreven, is een herwerking van de eerste Heidegeriaanse methode waarin vervolgens al wat tonen van de latere Heidegger in doorklinken. Onder aanvoering van het woord 'laten' worden ook termen als 'vernemen', 'openen', 'ontsluiten', 'gebeurtenis' en zelfs 'transcendentie' geïntroduceerd. Die woorden waren wellicht verwarrend, maar ze vormen een voorbereiding op wat nu zal volgen en geven het naamloze etiket van de laatste stap in zijn methode eindelijk een naam. De noodzaak ze al in het bovenstaande betoog in te voeren ligt in de opvatting dat er een omwenteling in het denken van Heidegger heeft plaatsgevonden, die inzet tijdens het schrijven van onder andere zijn essay over kunst Der Ursprung des Kunstwerkes rond 1933 en die werkelijk doorzet vanaf 1945. Deze tweedeling doet vermoeden dat er een radicale ommekeer zou hebben plaatsgevonden en wordt verstrekt doordat Heidegger in dat verband ook daadwerkelijk het woord Kehre heeft gebezigd. Wat voor dit onderzoek echter problematisch is gebleken, is dat het zich met name richt op het denken uit de latere periode, maar dat het deze denkkracht alleen vrij kan zetten door het te koppelen aan zijn vroege methodische aanpak in Sein und Zeit. Daarnaast is het ook zeer de vraag of het zin heeft van dergelijke breuken te spreken; ze dienen vaak enkel een didactisch doel. Het denken van Heidegger is een zich alsmaar uitwaaierende oefening de taal van de metafysica te overkomen door een andere, namelijk een 'gelaten' taal te ontwikkelen. In het artikel 'Durven leven zonder 'waarom?'' formuleert Etienne van Doosselaere zeer treffend wat voor soort denken een gelaten denken is.

> Er is geen authentieke zijnsbenadering meer, vandaar dat een andere denkwijze, een 'denkender denken' zich opdringt dat vanuit de ervaring van het zijn dient te ontspruiten. Deze visie is men de *ommekeer (Die Kehre)* in Heideggers denken gaan noemen. We willen deze opvatting verduidelijken vanuit het onderscheid dat hij maakt tussen de metafysica, het rekenende denken en het bezonnen nadenken. Dit laatste drukt zich uit in de gelatenheid.[14]

Uit de voordrachten 'Das Ding' (1950), 'Wohnen, Bauen, Denken' (1951), '<<...Dichterisch wohnet der Mensch...>' (1951) en 'Was heißt Denken?' blijkt vervolgens waar Heidegger uitkomt als hij overgaat op een 'denkender denken'. Deze werken zijn uitgekozen omdat ze getuigen van de manier waarop Heidegger 'dingen' uiteindelijk gaat onderzoeken. Ze werden eerder ook wel ding-essays genoemd. De specifieke, bijna poëtische woorden en concepten die in de latere werken van Heidegger verschijnen worden vaak onder de noemer *Ereignis*-denken samengevat. De ding-essays vallen daar zeker onder. Wanneer het in het vervolg over een gelaten denken, een transcendent denken of een nadenkend denken gaat sluit dit specifiek bij deze stijl van filosoferen aan.

Van alle concepten die tot nog toe voorbij zijn gekomen is het transcendentie die het meeste aandacht behoeft. Waarom moet Heidegger over het zijn praten in termen van laten en gaat het in *Sein und Zeit* tegelijkertijd toch over wijsgerige concepten als waarheid, kennis en zelfs transcendentie? Daarmee lijkt het misschien of zijn vertoog over de zin van zijn toch nog schatplichtig blijft aan de traditie van de metafysica. Het is wel opvallend dat deze concepten nagenoeg uit het taalgebruik van de latere essays van Heidegger verdwijnen. Om een brug te slaan tussen de ding-essays en Heideggers' opvatting van de ontologisch-fenomenologische methode zal hieronder kort worden uiteengezet waar het transcendente denken als vorm van kennisverwerving, ofwel filosofisch onderzoek zijn wortels heeft.

---

14 Doosselaere. 'Durven leven zonder 'waarom?'', 79.

Om transcendentie als vorm van kennisverwerving te begrijpen moet het begrip Logos weer in ogenschouw worden genomen. Zij het nu met betrekking tot de manier waarop er kennis kan worden verworven over de wereld. Refererend aan het zuivere vernemen (noein) en de eenvoudige gerichtheid van het zintuigelijke vernemen (aisthesis) noemt Heidegger Logos 'Vernunft' om daarin het woord 'vernemen' te laten doorklinken. Wanneer daaraan wordt verbonden, dat Heideggers' opvatting van het Griekse waarheidsbegrip (aletheia) 'het ontdekken van iets dat zich verborgen houdt en het als zodanig laten zien' inhoudt, wordt duidelijk welke functie de apofantische opvatting van Logos vervult. Het zuivere vernemen, noein, toont verwantschap met het loutere laten zien van Logos en geeft daardoor de mogelijkheid dit zien niet oculair te begrijpen, maar eerder als metafoor voor de ruimte waarin het zijn uit zijn verborgenheid kan treden. Deze openende beweging heeft wel betrekking op waarheid, kennis en weten zoals het in het rekenende denken wordt opgevat, maar het reikt daarenboven uit naar een hele andere, niet-instrumentalistische, omgang met de wereld. Uiteindelijk is de ontmoeting die de fenomenologie op het oog heeft betekenisvol over de gebruikelijke wijsgerige opvattingen heen. Het houdt een altijd-al- ontsloten-zijn van het fenomeen in, waar gehoor aan kan worden gegeven. Het vernemen is een luisteren naar het zijn van het fenomeen en haar in dit luisteren, dat direct een antwoorden inhoudt, mee te ontsluiten. De ontologisch-fenomenologische methode kenmerkt zich bij uitstek door deze uitreikende beweging. De nadruk ligt op een originaire betrokkenheid die steeds opnieuw de mogelijkheid tot ontmoeting in zich bergt. 'Jede Erschließung von Sein als des transcendens ist transzendentale Erkenntnis. Phänomenologische Wahrheit (Erschlossenheit von Sein) ist veritas transcendentalis.'[15] Dit is wat een transcendent (niet-transcendentale) denken inhoudt: Een ontvankelijk-zijn-voor dat voortkomt uit de dimensie van gelatenheid, die in de ding-essays van Heidegger meer expliciet op de voorgrond treedt.

---

15 Heidegger. *Sein und Zeit*, 38.

1.5 Na-denkend denken en rekenend denken

Wat is nu eigenlijk precies het probleem met de metafysica? Waarom werkt het niet om er simpelweg kritiek op te blijven leveren, zoals dat eigenlijk al eeuwenlang wordt gedaan? Is het niet arrogant om met een groot gebaar afscheid te nemen en te beweren dat het anders kan? Metafysica is een soort denken dat kenmerkend is voor de huidige wetenschappen en techniek en dat, zoals eerder verwoordt, aan zijnsvergetelheid lijdt. Het is een denken dat zich altijd tegenover de dingen positioneert en deze tracht te verklaren; het heeft een berekenende, kwantificerende neiging ten opzichte van de wereld. De verborgenheid, het zijn van de dingen zelf, blijft in deze opvatting van de werkelijkheid onaangeroerd. Van Doosselaere herinterpreteert het zijnsprobleem als volgt: 'De metafysica beoogt altijd een of ander systeem op te bouwen dat het geheel-der-zijnden tracht te verklaren en zij fundeert vervolgens het zijn *vanuit* de zijnden. Deze denkwijze noemt Heidegger de *onto-theologische structuur* van de metafysica.' Het is een probleem wat ik ook wel *immanentisme* zal noemen en wat tegenover een transcendente benadering van het zijnsprobleem staat. Sinds Plato is filosofie *meta-fysica* geworden; het zijn wordt gelijk gesteld met een hoogste zijnde. Zo betoogt van Doosselaere: 'Dit hoogste zijnde (*theon*) of dit 'zijnde-bij-uitstek' wordt in een bovenzinnelijke wereld (metafysica) gesitueerd. [...] Zó maakt men van het zijn een manipuleerbaar, benaderbaar en beschikbaar zijnde dat in de macht van de menselijke denkkracht ligt.'[16] Deze laatste benadering toont iets aan over de onmogelijkheid het zijn via het rekenende denken van de metafysica aan te pakken. Telkens wanneer die poging wordt ondernomen via bijvoorbeeld 'de idee van het goede (Plato), de onbewogen beweger (Aristoteles) of de God van de christelijke filosofie'[17] gaat er iets fundamenteels mis.

Om het verschil te begrijpen moet er iets uitgelegd worden over de aard van de relatie tussen het zijn en het geheel-der-zijnden (dat wat ik in het voorgaande wereld heb genoemd). Deze relatie wordt ook wel *ontologische differentie* genoemd en bevat de kern van het

16 Doosselaere. 'Durven leven zonder 'waarom?'', 80.

17 Doosselaere. 'Durven leven zonder 'waarom?'', 80.

probleem. Er is een onoverkomelijke kloof tussen het zijn en de zijnden. Wanneer alle dingen in de wereld worden opgeteld zal er uit die som niet het zijn of een geheel voortkomen. Die twee, het zijn en het geheel-der-zijnden staan lijnrecht tegenover elkaar. Dat wat de metafysica wil, de wereld zelf opbouwen door alle dingen verklarend in kaart te brengen is volgens Heidegger schier onmogelijk wanneer het doel is bij het zijn te geraken. Het is schadelijk gebleken om op deze manier de wereld tegemoet te treden. De grond van de moderne en hedendaagse wetenschap en techniek is een berekenend denken, dat arrogant *tegenover* de dingen staat. Dit denken heeft zodanig de overhand gekregen dat het zelfs in de alledaagse, vertrouwde *ervaring* van de wereld gaat overheersen.

Er lijkt geen andere taal dan deze berekenende meer voorhanden om haar de beschrijven. Omdat het te ver reikt om Heideggers' opvattingen over techniek en wetenschap hier uit de doeken te doen zal ik kort aanstippen wat het effect van het berekenende denken op de kunst zal zijn. In het later toegevoegde nawoord bij het essay Der Ursprung des Kunstwerkes (1936-1937) betoogt Heidegger het volgende over de ervaring van kunst: 'Die Art, wie der Mensch die Kunst erlebt, soll über ihr Wesen Aufschluß geben. Das Erlebnis ist nicht nur für den Kunstgenuß, sondern ebenso für das Kunstschaffen die maßgebende Quelle. Alles ist Erlebnis. Doch vielleicht ist das Erlebnis das Element, in dem die Kunst stirbt.[18] Het effect van de alomtegenwoordigheid van het berekenende denken op de ervaring van mensen, op hun 'levensgevoel', is een zich almaar verhevigende behoefte aan een toegang tot een wereld die niet te beheersen is, maar waarin je kunt worden opgenomen en waardoor je kunt worden omgeven. Het is wellicht moeilijk te geloven dat de mogelijkheid tot zo'n relatie met de wereld nog zou bestaan. Toch zal er via de ontwikkeling van het concept gelatenheid geprobeerd worden er toegang toe te krijgen.

1.6 Bewegen in gelatenheid

Ten slotte moet er kort worden ingegaan op de uitdaging uit te vinden over wiens ervaring het gaat. Over welke 'mens' gaat het in

---

[18] Heidegger. *Der Ursprung des Kunstwerkes,* 83. Cursivering toegevoegd.

dit onderzoek? Over een mens en meer specifiek een denker, die een verhouding ten opzichte van de wereld heeft die gelaten is. Hij beoefent een denken, dat bij die verhouding aansluit. Uiteindelijk ligt de sleutel tot het overkomen van de kloof tussen zijn en zijnden erin het rekenende denken van een alternatief te voorzien. 'Om tot dit oorspronkelijker denken te komen moet de mens een *sprong* durven wagen. Hij moet elke vorm van berekening durven *loslaten*. Hij moet zich *ontdoen*, zich bevrijden van de mentaliteit die steeds maar wil gronden, berekenen, beheersen.' [19] Het na-denken is transcendent, omdat alleen een sprong in vertrouwen de kloof tussen de hedendaagse mens en zijn belevenissen kan dichten. Dit denken geeft zich voornamelijk óver in plaats van te willen controleren, het doet iets juist door iets te *laten*. Het lijkt een stap terug ten opzichte van de schijnbaar hoge productiviteit van een denken dat een menigvuldigheid aan beelden, ideeën en vooruitgang opwekt. In werkelijkheid is de enige oplossing om aan het verlangen naar onmiddelijkheid tegemoet te komen de volgende: Het is nodig aan dit verlangen te sterven, het volledig los te laten. De aard van het zijn is dat deze zich niet laat verhelderen of verklaren. Het zijn laat zich niet dwingen, het vraagt een radicaal andere houding van de mens.

De radicaliteit van de houding van een mens die leeft in en door gelatenheid ligt in de bereidheid iets achter te laten en ergens anders in zekere zin opnieuw boven te komen. Deze bereidheid wordt het meest treffend vervat in de mystieke metaforiek van de dood en wedergeboorte van de ziel waar het begrip gelatenheid uit is voortgekomen. Daarmee komen we aan op een eindpunt dat voor de voorgestelde methode cruciaal is. Hoewel Heidegger gelatenheid in de eerste plaats opvat als een denkwijze, zou ik in navolging van filosoof Gerard Visser een scheiding willen aanbrengen tussen een na-denkend, gelaten denken en gelatenheid als levenshouding. De eerder opgevoerde drievoudige beweging van reductie-destructie-constructie wordt in wat volgt gekoppeld aan dat wat filosoof Gerard Visser in het boek *Gelatenheid: Gemoed en hart bij Meister Eckhart* beschrijft als de drievoudige zin van gelatenheid. Het woord gelatenheid vindt zijn oorsprong in de mystieke geschriften van

---

[19] Doosselaere. 'Durven leven zonder 'waarom?'', 81.

Meister Eckhart. De toegang tot de laatmiddeleeuwse preken en traktaten van Meister Eckhart en de verbinding met de thematieken van dit onderzoek worden gevonden in de fenomenologische benadering ervan door Gerard Visser.

Via een etymologische geschiedenis van het begrip komt Visser bij drie structuurmomenten van gelatenheid uit. Laten als loslaten, overlaten en uiteindelijk zijn laten. Vooraf moet worden vermeld, dat er creatief zal worden omgesprongen met deze structuurmomenten. Het is eigenlijk niet mogelijk om de drievoudige beweging van de fenomenologische-ontologische methode zonder meer over de spirituele-, levenshouding dat het woord gelatenheid vertegenwoordigt heen te leggen. Wat het wel laat zien is een bepaalde opvatting van éénheid die zal worden ingezet om de sprong tot over de grenzen van de ontologische differentie mogelijk te maken. Het loslaten en overlaten beschrijven twee kanten van dezelfde munt die de mens verplaatsen van een dimensie van eigenwilligheid en onrust naar een dimensie van gelaten zijn. Het vreemde daaraan is dat deze drievoudige structuur van buitenaf lijkt op een serie elkaar opvolgende bewegingen, maar dat deze, wanneer ik me erin laat opnemen en er van binnenuit op reflecteer, op een niet-aanwijsbaar moment omslaan in een staat van zijn, in een verhoudingswijze waarin wereld en mens één zijn. Visser legt dit als volgt uit: 'In ons gangbare begrip zijn loslaten en overlaten *overgankelijke* bewegingen, maar beschouwd vanuit het geheel van gelatenheid zijn ook zij *onovergankelijk* in zoverre ook zij zich in wezen volledig voltrekken vanuit het gebeuren van het zijn laten. We [stelden] vast dat gelatenheid meer is dan een deugd, meer dan zomaar een levenshouding. Zij is de *verhoudingswijze* van het toebehoren aan de bron [...].'[20] In deze onovergankelijke opvatting van gelaten zijn is de mens niet meer zozeer van belang. Wat ertoe doet is het toebehoren aan de bron: 'Gelatenheid is dan echter niet alleen een zaak van de mens, maar ook en allereerst van deze bron.'[21] Het is deze opvatting van toebehoren-aan of opgenomen-zijn-in die de hoofdrol speelt in de ontwikkeling van gelatenheid. Daarom wordt ervoor gekozen het transcendente element in

---

20 Visser. *Gelatenheid,* 221.

21 Visser. *Gelatenheid,* 221.

Heideggers' filosofie te benadrukken door de werken uit zijn latere periode te verbinden met een bepaalde ervaring van één-zijn in de werken van Meister Eckhart. Er wordt vastgehouden aan de intuïtie, dat beiden een transcenderende beweging beschrijven, die de mogelijkheid van een zekere vereniging in de leefwereld inhoudt.

Wat voegt de drievoudige beweging van gelatenheid toe aan de ontologische-fenomenologische methode van Heidegger? Deze beweging, die binnen een metaforiek van dood en wedergeboorte zal worden opgevat maakt het mogelijk het denkende subject in het denken van het zijn te laten verdwijnen om deze op een andere wijze weer boven te laten komen. Na het wagen van de sprong is er iets wezenlijks gebeurd tussen denker en gedachte. De denker geeft zich over in de bereidheid één te worden met het gedachte. In die beweging zit een mystiek raadsel verborgen, dat Visser als volgt beschrijft:

> Semantisch en grammaticaal gezien vooronderstellen alle drie de modi van *lâzen* bij Eckhart een menselijke subject dat dit laten voltrekt. Maar als het loslaten betekent dat het gemoed zichzelf bevrijdt van de binding aan het ik, en zichzelf verlaat op het niets, kan dan nog worden gezegd dat ook dit wordt voltrokken door het ik?[22]

De aard van de gebeurtenis die de drievoudige beweging van gelatenheid kenmerkt klinkt wellicht esoterisch, maar is in zekere zin concreter dan het soort 'transformatie' dat wel eens aan performances is toegekend.[23] In de beweging van gelatenheid ligt een overgave en deelname aan het leven besloten, die ons terug in contact met de wereld brengt.

Er worden in dit hoofdstuk over de methode grote claims gemaakt en ogenschijnlijk overhaaste conclusies getrokken. Dat heeft te maken met de experimentele basis ervan. Voor de reikwijdte van dit onderzoek geldt namelijk dat de nadruk ligt op de ervaring van een specificeerbare performance waarin, door diegene die een

---

22 Visser. *Gelatenheid*, 207.

23 Vgl. noot 36 in 1.8. Daar wordt uitgeweid over het overschrijdende potentieel dat aan de concepten performance én aan performativiteit wordt toegekend.

gelaten denken oefent, een bepaalde samenwerking in de act van het na-denkende denken mee tot stand komt. Het doel is via deze beschrijving van een performance-kunstwerk *over* te kunnen *springen* naar de dimensie van gelatenheid. Het na-denkend denken van Heidegger wordt hier niet voor niets een transcendent denken genoemd. Het probeert een kloof tussen zijn en zijnden niet alleen onder te aandacht te brengen, het probeert ook een taal te vinden die zo aantrekkelijk is, dat het zijn wat zich voor het metafysische denken verborgen houdt toch verleid word zich te openbaren. De vraag is in hoeverre de kloof van het verschil tussen zijn en zijnden overkomen kan worden. 'Het zijn is geen zijnde, ook geen hoogste zijnde. Het is het totaal andere of het geheim-bij-uitstek dat alles laat geschieden, laat openbloeien, maar zelf nooit in dit gebeuren of geschieden te vatten is.'[24] Het zijn wordt door Heidegger in deze latere fase vaak met een hoofdletter geschreven om deze radicale differentie te benadrukken. Wat tot de verbeelding spreekt is de opvatting dat het zijn de aard heeft van een geheim, dat in de wereld via een gebeurtenis, een ervaring tot ons kan komen.

Deze Ereignis-dimensie is een essentieel kenmerk van gelatenheid. Het doet een vraag rijzen over waar en op welke manier de gebeurtenissen van het zijn kunnen plaatsnemen. In ogenschouw nemend hoe Heideggers' vroege opvatting van wereld in elkaar steekt merkt John Caputo in een artikel over de relatie tussen de latere Heidegger en de scholasticus en mysticus Meister Eckhart op: 'Like Husserl and Merleau-Ponty, Heidegger struggles to establish the primacy of the "life-world." But Heidegger's effort is considerably more enigmatic - some might say "profound" - because he thinks the world in which man dwells may be attained only by an attitude of "openness to the Mystery." [...]'[25] De ding-essays van Heidegger nemen in dit onderzoek een belangrijke plaats in, omdat daarin een samenwerking wordt aangegaan tussen een ding en denken, tussen bijvoorbeeld een brug, kruik of hamer en de ervaring van een gelaten mens. De specifieke status van performances zal in de paragraaf hieronder besproken worden. Zou

---

24 Doosselaere. 'Durven leven zonder 'waarom?'', 83.

25 Caputo. 'Heidegger and Eckhart II', 74.

het mogelijk zijn in performances het ideale 'ding' te vinden dat hoort bij een gelaten zijn?

PERFORMANCE & PERFORMATIVITEIT

1.7 Inleiding performance en performativiteit

De vraag naar wat performance en performativiteit inhouden noopt het onderzoeksgebied en de geschiedenis die er rondom is ontstaan kort na te gaan. Er wordt niet ingezet op een volledig overzicht, maar eerder op een korte uiteenzetting met het onderzoeksveld ten einde af te bakenen wat er hier met de begrippen zal worden aangevangen. Dat is nog niet gemakkelijk, omdat het veelduidige begrippen betreft, die op zeer verscheidene manieren binnen uiteenlopende wetenschapsdisciplines worden ingezet.[26] In dit onderzoek wordt de aandacht gericht op wat het onderzoeksgebied performance- en theaterwetenschap met de begrippen hebben aangevangen. Er zal niet worden geprobeerd alle mogelijke verwarring rond het begrip op te helderen, maar eerder de staat van het onderzoek afdoende te problematiseren zodat duidelijk wordt waar de noodzaak voor het gebruik van de concepten ligt. De verwarring en 'vielgestaltige Verwendbarkeit' van het begrip verbergen, zo zal in de komende paragrafen worden uitgewerkt, een verlangen van performance-, en theaterwetenschap om een overschrijding en daarmee een overwinning van de crisis van de metafysica te bewerkstelligen.[27] Dat gebeurt op twee manieren: enerzijds door het denken als performatief, als een overschrijdend *handelen* te theoretiseren en anderzijds door de ervaring van

---

[26] Vgl. Wirth. *Performanz,* 9-10. In deze inleiding op het boek over performance geeft literatuur-, en cultuurwetenschapper Uwe Wirth een korte uitleg.

[27] Wirth. *Performanz,* 9.

performances én de kunstpraktijk die met de naam performance wordt omschreven als een overschrijdend *denken* te omschrijven. Beide wijzen, die van performativiteit en die van performance, wijzen in de richting van hun verwantschap.

Dit hoofdstuk is erop gericht deze verwantschap aan te wijzen in de hierboven beschreven levenshouding van gelatenheid. De inzet is de volgende: Gelatenheid is een verhoudingswijze waarin juist door een niet-handeling iets, namelijk een overschrijdend gebeuren plaatsvindt. Deze niet-handeling bestaat uit zowel een nadenkend denken zoals dat in 1.6 is beschreven als ook uit een specifieke ervaring van een specifieke performance die 1.11 en 1.12 nog zal worden uitgewerkt. Om te beginnen zal er meer aandacht worden besteed aan het concept performativiteit. Het concept performance krijgt in 1.9 en 1.10 een meer uitgebreide behandeling.

1.8 Performativiteit

Betreffende de geschiedenis van de concepten performance en performativiteit wordt vaak teruggegrepen op het ontstaan van het concept performativiteit in het taalfilosofische boek over taalhandelingen van J.L. Austin. Diens *How to do things with words* (1962) werd invloedrijk tot over de grenzen van de taalfilosofie. Dit is wat als eerste opvalt: Engelse woorden worden zonder vertaling in de Nederlands taal overgenomen. In het Duits worden ze daarentegen in de eigen taal opgenomen als *Performanz* en *Performativität*.[28] Aanvankelijk, zo legt de Amerikaanse performance

---

[28] In aansluiting op de Duitse traditie zal er gesproken worden over 'performativiteit' met betrekking tot het Engelse woord 'performativity'. Echter, het woord performance blijft onvertaald. Er is geen ander woord voor gevonden wat het beter recht doet. In veel instanties zal er worden gerefereerd naar performance, maar er zal ook gebruik worden gemaakt van woorden als voorstelling, installatiekunstwerk of andere terminologieën om kunstwerken binnen een discipline te plaatsen. Het liefst zou ik over kunstwerken in gebeurende zin te spreken komen, maar een beweging in die richting is nu nog toekomstmuziek. Een analyse of beschrijving van kunstwerken zal dan niet langer vertrekken vanuit hun disciplinaire achtergrond, maar eerst over hun performatieve, want gebeurende dimensie spreken. In die zin zijn alle kunstwerken die ik bespreek allereerst performances en daarna pas ervaringstheater, *performance art* of voorstelling.

theoreticus Marvin Carslon in een inleiding op het door de Duitse theaterwetenschapper Erika Fischer-Lichte geschreven boek *The Transformative Power of Performance* uit, komen de concepten voort uit een Angel-Saksische, academische cultuur waar het uiteindelijk tot een zelfstandig onderzoeksveld met de naam *Performance Studies* uitgroeit. [29] Ten einde de ontwikkeling van het begrip binnen performance-, en theaterwetenschap te volgen zal de volgende driedeling die Sybille Krämer voorstelt worden uitgediept: 1) universaliserende, 2) iterabiliserende en 3) lichamelijke/incarnerende performativiteit.[30] Deze driedeling moet niet als chronologie, maar eerder als een genealogie worden opgevat. Er wordt op die manier een inzicht verkregen van de manier waarop performativiteit wordt geconceptualiseerd en de reikwijdte die het heeft binnen theater,- en performancewetenschap. In het oog houdende, dat Krämer in de eerste plaats vanuit haar positie als taalfilosofe en mediatheoreticus vertrekt is het goed te weten dat in de onderstaande driedeling de concepten vanuit die achtergrond worden benaderd.

De genealogie wordt voltrokken met in het achterhoofd een verlengde van de crisis van de metafysica, die hier een twee-werelden ontologie wordt genoemd. Dit twee-werelden model toont een verhouding waarbinnen het teken als '[e]twas, das unseren Sinnen zugänglich ist, wird interpretiert als raum-zeitlich situierte Instantiierung von etwas, das nicht mehr unmittelbar gegeben ist.'[31] Kortom, de crisis van de metafysica wordt hier specifiek betrokken op de idee van representatie als een vloek waarbinnen alles wat met waarneming, gesproken taal, kortom zintuigelijke fenomenen te maken heeft als onbetrouwbaar, want secundair, wordt afgeschilderd en dat wat met tekst, teken, oftewel geschreven taal te maken heeft als betrouwbaarder, meer onmiddellijk verbonden met de waarheid, wordt opgevat. "Das ist der Lebensnerv der Idee der 'Repräsentation': Nicht Ephiphanie, also Gegenwärtigkeit, vielmehr Stellvertreterschaft, also Vergegenwärtigung, ist das, was die

29 Fischer-Lichte. The Transformative Power of Performance, 1-3.

30 Krämer. Performativität und Medialität, 14-20.

31 Krämer. 'Sprache – Stimme – Schrift', 324.

Zeichen für uns zu leisten haben.'[32] Performativiteit en zijn begripsgeschiedenis, zo betoogt Krämer bezit vanaf het begin af aan het potentieel dit twee-werelden model van kritiek te voorzien. Daarnaast echter lijkt er in inleidende de tekst bij het boek *Performativität und Medialität* zelfs een voorstel te worden geformuleerd om het tij van de twee-werelden ontologie te keren. Voordat de conclusies die hieruit worden getrokken kunnen worden uitgewerkt zal hier kort de genealogie van Krämer worden herwerkt in het kader van dit onderzoek.

De eerste instantiatie van performativiteit blijft binnen het domein van de taalfilosofie en betrekt zich op Austin's bevindingen rondom taalhandelingen. Austin beweert dat taaluitingen niet uitsluitend de wereld beschrijven ofwel representeren, maar dat er woorden zijn die iets bewerkstelligen en zelfs creëren ín de wereld. Krämer noemt het onderzoeksveld dat daardoor ontstaat universaliserend, omdat het zich op een dimensie van sociale handelingen betrekt waarin enkel rekening wordt gehouden met een geïdealiseerde sociale situatie. Er wordt geprobeerd een universeel regelsysteem van taalhandelingen op te zetten. Daarmee is de wereld als geheel beheersbaar en homogeen voorgesteld.

Iteralibiserende performativiteit daarentegen neemt deze taalhandelingen op en verandert ze onder invloed van, met name, Jacques Derrida en Judith Butler tot een potentieel van sociale verandering en subversiviteit doordat hun citeerbaarheid en herhaling in daadwerkelijke (niet mogelijke), zeer uiteenlopende sociale contexten hen van betekenis kan doen veranderen. Voornamelijk bij Judith Butler wordt de nadruk op de mogelijkheid van performativiteit als een sociaal *handelen* uitgewerkt.

Tot slot beschrijft belichaamde performativiteit een opvatting die vanuit de ervaring van kunstwerken die onder de noemer 'performance' vallen tot stand komt. Deze gaat ervanuit dat er in de twintigste eeuw een aantal tendensen binnen verschillende kunstdisciplines ontstaan, die als performances een specifieke performatieve houding instigeren. Wat is deze houding? Performances thematiseren de efemeriteit en kwetsbaarheid van een voorstelling, waardoor de nadruk komt te liggen op het lichamelijke,

32 Krämer. 'Sprache – Stimme – Schrift', 323.

viscerale aspect van een ontmoeting tussen toeschouwer en de opvoering. Met andere woorden, deze lichamelijke aanwezigheid en de eenmalige, singuliere ervaring van een voorstelling op een specifiek moment en een specifieke plaats wordt als vertrekpunt genomen voor de mogelijkheid tot een andere instelling, een andere *waarneming* van de wereld. Het gaat dan niet meer om de *representatie* van een tekst of een specifiek muziekstuk, maar om het proces van opvoeren, om het *gebeurende* aspect van een voorstelling.

Het *Ereignis*-perspectief dat in de laatste beweging wordt ingezet, wordt binnen een taal-theoretisch kader zo geïnterpreteerd, dat deze een overschrijding van het tweewerelden-model mogelijk maakt. 'In der Materialität, der Korporalität, der Präsenz und der Ereignishaftigkeit von Zeichen wird etwas wirksam, was die Ordnung des Zeichens unterminiert bzw. überschreitet, somit als Repräsentations- oder Ausdrucksgeschehen nicht mehr zu verstehen und zu beschreiben ist.' [33] In dat kader wordt een concept van *Aisthesis* geïntroduceerd om dit overschrijden, dat overigens de ontwikkeling van het performativiteits-begrip in zijn geheel beweegt, te conceptualiseren. Het begrip, zal tijdens de bespreking van performance via Dieter Mersch verderop uitvoeriger behandeld worden met betrekking tot de relatie tussen gelatenheid en performance/performativiteit. Voor nu is het alleen van belang alvast aan te merken dat de genealogische driedeling van Krämer en de intuïtie dat deze uiteindelijk richting een overschrijding van de tweewerelden ontologie beweegt aanhaakt met de ideeën over performativiteit die dit onderzoek onderschrijft.

Er zijn echter twee problemen: de eerste is dat de overschrijding wordt gekenmerkt als een gelijktijdige bipolaire verhouding tussen waarneming en gebeuren (*Wahrnehmung & Ereignis*). Het wordt als een '*Wahnehmungsgeschehen*' voorgesteld, dat bestaat uit een wisselwerking tussen een gebeuren, het zich voltrekken van iets, en een waarnemingshandeling. [34] Hier wordt de samentrekking van waarneming en gebeuren vooralsnog niet behandeld. Er zal alleen aandacht worden gevestigd op het *Ereignis*-element, terwijl het probleem van de waarneming vooralsnog buiten beschouwing blijft.

---

33 Krämer. Performativität und Medialität, 20.

34 Krämer. Performativität und Medialität, 21.

Dat heeft te maken met de opgave performativiteit niet vanuit bemiddeld, voorstellend denken, maar vanuit het concept van één-zijn dat bij gelatenheid hoort te benaderen. Het overschrijdende potentieel van performativiteit zal negatief worden ingevuld: Performativiteit wijst als concept op een soort wetenschapsbeoefening, een soort denken dat connotaties met een genererend vermogen, een zekere werkzaamheid draagt.[35] Het potentieel van taal is performatief en wordt daarmee een taal*handeling*, de ontwikkeling van een subversief potentieel ten opzichte van bestaande machtsverhoudingen impliceert een omwenteling in het denken in identiteit en daardoor wederom een bepaalde productiviteit, een gebeuren met een nadruk op lichamelijkheid en materialiteit impliceert een verandering van betrokkenen bij het gebeuren.[36] Dat is wat naar voren is gekomen uit de genealogie van het begrip en dat is ook wat voor dit onderzoek bruikbaar is. De plaats van waaruit een dergelijke overschrijding kan

---

35 Vgl. Visser. *Gelatenheid*, 27. Het concept werkzaamheid zal in deel II een grote rol gaan spelen als het om de drievoudige beweging van gelatenheid gaat. Gerard Visser legt het uit aan de hand van een analogie die de differentie tussen zijnden en het zijn verbindt aan een differentie van werkzaamheid, van handelingen. Het laten zijn van gelatenheid wordt door Meister Eckhart een 'wijze zonder wijze' genoemt. Visser haalt een klassiek voorbeeld van Eckhart uit de preek *Quasi Stella Matutina* aan om deze uitspraak en de specifieke werkzaamheid die eraan te verbinden is uit te leggen. Een dokter weet hoe hij een patiënt kan genezen (als zijnde), maar niet hoe gezond hij hem kan maken (zijnstoestand). De eerste wijze betreft een doelbewuste, bemiddelde werkzaamheid van genezen, de tweede echter correspondeert met een onmiddellijke zijnswijze, een levenstoestand van gezond-zijn. De werkzaamheid van het laten opereert op het niveau van het zijn en heeft daarom een negatieve invulling. Het lijkt of het niets bewerkstelligt, maar juist dit 'niets' heeft een onverwachte, niet voor te stellen werkzaamheid die door het laten vrij wordt ge*laten*.

36 Vgl. Voor het laatstgenoemde de titel van Erika Fischer-Lichtes' boek *The Transformative Power of Performance*. Er wordt door Fischer-Lichte een *transformerend* karakter aan performances toegeschreven dat wordt losgekoppeld van het concept performativiteit. In feite scheidt Fischer-Lichte daarmee beweging 1) en 2) van Krämer van 3). om deze laatste soort werkzaamheid, namelijk een bepaalde soort verandering van de toeschouwer en maker aan performances en vervolgens aan een 'nieuwe esthetica van performance' toe te kennen.

worden gemaakt is beslist niet bemiddeld. Het gebeurt vanuit een radicaal andere dimensie, de dimensie van gelatenheid. Deze a-medialiteit van het performativiteits-begrip zal via de filosofie van Dieter Mersch verder worden ontwikkeld in het hoofdstuk over performance.

Het tweede probleem sluit bij de eerste aan, maar is breder. Wordt er werkelijk na-gedacht over de verschillende claims die de in het concept opgenomen theoretische perspectieven ontologisch-fenomenologisch doen? Is het mogelijk een concept dat dergelijke radicale overschrijdingen, zowel in de taal (bij Derrida), als in het kader van identiteits-kwesties (bij Butler), als ook en het meest in het kader van esthetische ervaring als Aisthesis, los van elkaar te claimen, laat staan ze te laten participeren in het concept performativiteit? De meest belangrijke vraag echter is of de werkzaamheid van dat wat overschrijdend is aan performativiteit niet eerder een niet-handelen, een niet-werken inhoudt. Er wordt ervan uitgegaan dat deze werkzaamheid van performativiteit zich als een overschrijding openbaart in zowel het na-denkende denken als ook in de ervaring van een performance. Beiden leiden naar een overschrijding van de twee-werelden ontologie door het beoefenen van een gelaten levenshouding. Hoe kan dat? Er is een intuïtie, dat in de specifieke werkzaamheid, dat wil zeggen in het zich ontvouwen (Ereignis) van het na-denkende denken én door het gebeuren (Ereignis) van een performance, een oorspronkelijke betrokkenheid tussen mens en wereld wordt geopend.

1.9 Performance Philosophy

In dat kader is het goed om de driedeling die Krämer vanuit taal-filosofisch perspectief geeft in contact te brengen met een vrij recente ontwikkeling die een nieuw licht werpt op de genealogie. Er wordt bij *performance studies* gesproken over de relatie tussen *performance* en filosofie, tussen kunst*praktijk* en kunsttheorie en daarop aansluitend over het ontstaan van een 'nieuw' onderzoeksveld met de naam: *Performance Philosophy.* Daar, zo is mijn mening, wordt de mogelijkheid van een kritiek op een representatie-denken die de genealogie van performativiteit onderligt aangewend om deze kwestie aan de orde te stellen: 'What is the relationship between performance and philosophy?'[37]

Echter, voordat de relatie tussen deze vraag en de ontwikkeling van de begrippen performance en performativiteit aan bod komt is het goed om te kijken naar haar achtergrond. Deze krijgt namelijk een bijzondere relevantie wanneer mee-bedacht wordt, dat het vrij jonge onderzoeksveld theater,- en performancewetenschap de opgave opneemt kritisch op de eigen onderzoekspraktijk te reflecteren. Vervolgens komt er een probleem in de interdisciplinaire methodiek van het onderzoeksgebied naar voren dat in Staging Philosophy wordt omschreven als eenrichtingsverkeer. De inzichten en argumenten van filosofen worden instrumentalistisch en illustratief ingezet, dat wil zeggen, gewoonweg toegepast zonder dat er werkelijk mee in gesprek wordt getreden. Een gevolg daarvan is dat er geen 'eigen' of 'nieuwe' theoretische onderzoeksresultaten worden gegenereerd:

> One result of this approach to theory is that the sequence of theoretical discourse about theater and performance flows almost exclusively from *elsewhere* and *into* performance theory, and only occasionally does it flow out again to influence other disciplines.[38]

Freddie Rokem trekt de kring nog wijder en stelt daarmee een breder veld van kunst- en cultuurwetenschappen onder dezelfde noemer en 'beschuldiging'. Hij benadrukt dat de, vaak vrije nieuwe, onderzoeksgebieden menen dat filosofie nodig is voor een gedegen onderzoek naar kunst en cultuur:

> But the academic disciplines based on this assumption, including the discipline that, with slightly different variations, calls itself "theatre and performance studies" [...] have not paid sufficient attention to their own disciplinary borders and specificities. Therefore the role of the theories informed by these philosophical systems and ideas often remains unclear.[39]

---

37 Cull. 'Performance as Philosophy: Responding to the Problem of 'Application'', 20.

38 Krasner, Saltz. *Staging Philosophy*, 8.

39 Rokem. Philosophers and Thespians, 6.

Laura Cull voegt aan deze problematiek nog iets anders toe, de aandacht verleggend naar performance als kunstpraktijk door de aandacht te vestigen op de omgang met performances binnen de wijsbegeerte. Nadat ze het verwijt van parasitisme aan het adres van theater,- en *Performance Studies* door Saltz heeft geprobeerd te temperen, lijkt ze zelf haar nuance te verliezen waar het de instrumentalisatie van kunst door filosofen betreft: 'Of course, the problem of application also pertains to philosophers, who are arguably not averse to being parasitic on the arts.'[40] Vervolgens pleit ze voor een democratisering tussen wat als denken ofwel als theorie en wat als praktijk ofwel een doen wordt opgevat en neemt daarbij zelfs de woorden 'mutually transformative encounter' om een vernieuwde relatie tussen performance (de praktijk in dit geval) en filosofie voor te stellen. Opvallend is daarbij dat er een beroep wordt gedaan op een zekere ethische houding waardoor niet alleen performance wordt opgevat als een soort denken, maar er zelfs geconcludeerd wordt dat alles 'denkt'. Op die manier probeert ze voorbij te gaan aan de schijnbare 'passiviteit' van dingen, om te laten zien dat hun materialiteit daadwerkelijk iets bewerkstelligt.[41] Hier wordt opnieuw, dit keer binnen een Deleuziaanse opvatting van materialiteit, aan performance een overschrijdend potentieel toegekend dat de grens met de dagdagelijkse ervaring, met het leven beslecht en daardoor productief, namelijk transformerend is. Daarnaast wordt er door Cull kort gerefereerd aan het potentieel van een nieuw onderzoeksveld, dat nog jonger is en dat als *practice-as-research* of *artistic research* zijn intrede doet als een combinatie tussen wetenschap en kunstpraktijk. Dit brengt opnieuw een connotatie tussen denken en handeling in zicht die in de richting van de overschrijdende werkzaamheid van performativiteit wijst. De opkomst van Performance Philosophy en Artistic Research tonen welke kruising er tussen denken en doen wordt ontwikkeld met, zo

---

40 Cull. 'Performance as Philosophy: Responding to the Problem of 'Application'', 22. Vgl. Saltz, 'Why Performance Theory Needs Philosophy', 154.

41 Cull. 'Performance as Philosophy: Responding to the Problem of 'Application'', 22. Vgl. Rokem. 'My Last Editorial', 228.

wordt hier betoogd eenzelfde soort overschrijdende werkzaamheid tot doel.

Echter, voordat de overschrijding als overwinning op de twee-werelden ontologie kan worden gevierd vanuit een democratisering tussen het denken en het doen in de hoedanigheid van de kunstpraktijk (van performance) moet de aard van deze relatie grondiger worden overdacht. Het is nodig om ons te bezinnen op haar oorsprong zodat er geen overhaaste conclusies over de relatie tussen denken en handeling worden getrokken.

1.10 Performance en a-medialiteit

Naast de algemene bezinning op het begrip performativiteit in 1.8 en de recente ontwikkelingen binnen Performance Studies uit de bovenstaande paragraaf wordt nu expliciet het begrip performance met het oog op haar overschrijdende werkzaamheid uitgewerkt. In *Ereignis und Aura* vertrekt Dieter Mersch vanuit een voor dit onderzoek belangrijke premise wanneer hij performance expliciet als performatieve kunst beschrijft. Hij stelt voor de geschiedenis van kunstwerken die hij performatief noemt voor zichzelf te laten spreken en enkel daarmee in gesprek te treden. Hij gaat dus voorbij aan de bovengenoemde implicaties over performativiteit en performance en richt zich in plaats daarvan voornamelijk op *kunstwerken* als performances en de specifieke ervaring die aanwezigheid bij deze performances oplevert. Maar wat verstaat hij dan onder performativiteit?

Performativiteit is 'Akt, Vollzug, Setzung.'[42] Het laatste woord geeft de kern van zijn denken aan over de eerste twee. Het gaat hem erom tegenover een statische opvatting van handelingen iets te laten zien over de gebeurende aard ervan. Daarbij komen in deze oorspronkelijk opvatting van wat een handeling is het domein van kunst en ethiek elkaar tegen. Handelingen zijn intentioneel bepaald, een *Setzung* is een niet-intentioneel handelen dat zichzelf voltrekt. Wat van belang is, is niet zozeer *wat* er gebeurt, maar eerder *dat* het gebeurt. Mersch ontwikkelt een negatieve opvatting van performativiteit waarin de mogelijkheid van medialiteit eerst wordt doorgewerkt vanuit de mogelijkheid van a-medialiteit, waarin

---

42 Mersch. *Ereignis und Aura*, 9. Sic.

handelingen, in hun oorsprong niet-intentioneel zijn. Dat dit perspectief voortkomt uit de ervaring van hedendaagse en moderne kunst is voor het verloop van het onderzoek belangrijk, omdat Mersch via de éénmaligheid, het *Ereignis*-karakter van een performance tot dit inzicht komt. De radicale eenmaligheid en efemeriteit van hedendaagse kunstwerken noopt Mersch ertoe te stellen: 'Performative Kunst ist Kunst ohne Werk. Sie geschieht – 'mitten in der Kunst'. Sie erschöpft sich im einmaligen Akt, der schlichten Geste, der singuläre Handlung, im Ereignis.'[43] Deze performatieve kunst ziet Mersch in bijvoorbeeld de tijdelijkheid van installatie-kunstwerken, in het Weense actionisme, *performance art*, conceptuele kunst en *environment art*. Ze doen een beroep op de toeschouwer niet langer als afgerond werk en, nog erger, object te worden opgevat. Ze kunnen alleen ervaren worden wanneer de oude, esthetische opvattingen rondom een kunstwerk vaarwel worden gezegd. Precies in dit kader moet ook het *Ereignis*-perspectief van de laatste fase in de genealogie van performativiteit bij Krämer worden begrepen. De esthetiek van performativiteit houdt voor Mersch uiteindelijk het volgende in: 'Unter einen 'Ästhetik des Performativen' wäre entsprechend eine Ereignisästhetik zu verstehen, die nicht so sehr im Medialen, also in den Prozessen der Inszenierung und Darstellung wurzelt, als vielmehr in Geschehnissen, die widerfahren.'[44] Er wordt een beeld geschetst van een andere esthetica die zich via negatieve weg ontvouwt en die invloed heeft op de manier waarop de wereld tegemoet wordt getreden, doordat niet zozeer meer de nadruk wordt gelegd op dingen als objecten, maar eerder op het gebeuren van de wereld. Daarin betoont Mersch zich schatplichtig aan Levinas' fenomenologie en diens opvatting van existentie: 'Maßgeblich wäre dagegen, jenseits der Sanktionierung der Norm oder des Gesetzes der *Ex-sistenz* als *Zuvorkommen*, als 'Gabe' im Sinne des Unmachbaren, des Nichtbemächtigbaren ihren Status zurückzuerstatten und ihr jene Dignität wiederzugeben, die sie verdient. *Kunst vermag solches zu lehren.* [...] Sie erwiese sich so als Lehrmeisterin der geforderten Einübung (askesis) in die Resonanz.'

---

43 Mersch. Ereignis und Aura, 245.

44 Mersch. Ereignis und Aura, 9.

[45] De toeschouwer kan geen betekenis aan het kunstwerk toekennen. Er wordt eerder van hem verwacht ontvankelijk te worden voor dat wat zich laat zien (*Sich-Zeigen*) in de gebeurtenis die het kunstwerk als een performatief kunstwerk is. Het is precies deze wachtende houding, deze radicale openheid ten opzichte van het kunstwerk die Mersch ook tegenover de wereld ambieert. Zijn opvatting van performativiteit is daarbij vernieuwend, omdat hij zich uitdrukkelijk beroept op de praktijk van de kunst als een leermeester voor een oefening van deze verhoudingswijze. Hierdoor wordt inzichtelijk hoe de kunstuitingen die, over disciplinaire grenzen heen aan bovenstaande criteria van een *Ereignis*-esthetiek voldoen, aansluiting kunnen vinden in de verhoudingswijze van gelatenheid.

In dat kader zullen ook de performances worden opgevat. Mersch benadert de geschiedenis van kunst voornamelijk vanuit de discipline van de beeldende kunsten, maar er is geen reden om aan te nemen, dat het inmiddels schier onmogelijk is nog een lijn te trekken tussen verschillende disciplines. Zeker wanneer het 'label' performance op een kunstuiting wordt geplakt duidt het eens te meer op de performatieve kunsten zoals Mersch ze hierboven beschrijft. Die vragen een andere houding van de toeschouwer en zijn niet meer in één bepaald medium te plaatsen. Ze opereren buiten de grenzen van afgeronde werken. Die andere verhoudingswijze wordt door Mersch verbonden aan een oorspronkelijke verhoudingswijze die in zijn geval ex-istentie wordt genoemd. De onbemiddelde, negatieve opvatting van performativiteit, de *Ereignis*-esthetiek die hij aan performances toekent vertoont opvallende overeenkomsten met de overschrijdende werkzaamheid die uit de begripsgeschiedenis van performativiteit en performance eerder naar voren is gekomen. Daarbij toont deze werkzaamheid, deze *Ereignis*-dimensie hoe het mogelijk is dat de vraag naar performance en performativiteit vaak direct de relatie tussen denken en handeling problematiseert. Vanuit hier lijkt het nog slechts een kleine stap om deze verhoudingswijze, die de gemeenschappelijke werkzaamheid van denken en handeling als performatief beschrijft, gelaten te noemen.

---

45 Mersch. Ereignis und Aura, 296.

Er is één belangrijk verschil tussen Mersch' opvatting van performance en de werkwijze in deze thesis. Mersch neemt niet expliciet deel aan de ontmoeting met een specifiek ding of performance, maar wijst eerder op de levenshouding die voor de ontmoeting tussen de mens en de dingen in het algemeen nodig is. Hier wordt echter performance niet in zijn algemeenheid, maar via de ervaring van een ontmoeting met één specifieke performance uitgewerkt. De reden daarvoor is dat een uiteenzetting met kunstwerken die performances worden genoemd niet anders dan performatief, gebeurend plaats kan vinden. Wanneer een performance als kunstwerk een overschrijdende werkzaamheid tussen handeling en denken wordt genoemd zal ook de theorie, het denken deze titel aankomend dragen: zodat het een gepriviligeerde plaats is waar het zijn gebeurend plaats kan hebben. Het is de bedoeling deze benadering van een performance als uitverkoren ding op begrip te brengen door de relatie tussen denken en handelen in het volgende hoofdstuk verder uit te werken. Het daadwerkelijke overschrijdende vermogen van de ervaring van performance wordt echter pas in Deel II aan het licht gebracht.

DICHTEN & THEOROS

1.11 Inleiding dichten en theoros

Parallel aan de levenshouding van gelatenheid en Heideggers' bezonnen nadenken dat daaruit voortkomt is er een betrekking van gelatenheid tot performances die in dit hoofdstuk wordt ingeleid. Deze laatstgenoemde verhoudingswijze is een bepaalde *ervaring van performances*. Wanneer er in het hoofdstuk over de fenomenologische methode op het belang van het ding en in het verlengde daarvan, de performance zelf, werd gehamerd gebeurde dat met het oog op de *aanwezigheid*, een zeker *bij-zijn* bij performances. De aanwezigheid bij performances wordt in dit hoofdstuk op begrip gebracht via een exploratie van Gadamers' begrip van de toeschouwer: *Theoros*. Het toeschouwer-zijn is een belichaming van het gelaten-zijn als levenshouding.

Theoros draagt de mogelijkheid de relatie tussen performance en het na-denkende denken op begrip te brengen. De relatie wordt gekenmerkt door een differente eenheid die via Heideggers' opvatting van de verwantschap en het verschil tussen denken en dichten zal worden uitgewerkt. Denken en dichten, en daarmee denken en performance zijn radicaal verschillend in hun wijze van zijn, maar hebben dezelfde oorsprong. Ze wijzen richting een samenwerking tussen performance en denken die in dit onderzoek uiteindelijk samenkomt in de figuur van de toeschouwer.

Beiden, het denken en de ervaring van een performance ontsluiten een gelaten-zijn. De onderzoeker heeft de specifieke simultane ervaring van zowel het denken als het aanwezig zijn-bij performance nodig om een gelaten-zijn naar voren te laten treden.

1.12 Dichten en denken

Heidegger heeft de relatie tussen denken en kunst niet expliciet, dat wil zeggen, in de hoedanigheid van een volwaardige esthetica ontwikkeld. Wat wel duidelijk naar voren komt in de ding-essays is een specifieke verwantschap tussen het denken en de dingen. Gerelateerd aan zijn uiteenzetting met dingen als een kruik en een brug zet Heidegger specifiek in op een andere benaderingswijze van de dingen: het dichten. Met name de relatie tussen denken en een specifieke opvatting van het dichten levert een ingang op om de aanspraak op een specifieke werkzaamheid in denken en performance meer precies uit te werken.

In navolging van een gedicht van Hölderlin komt Heidegger in 'Was heißt Denken?' te spreken over het Griekse woord *Mnemosyne*. Hij vertaalt het met het Duitse woord *Gedächtnis*. De hedendaagse connotaties die het woord heeft met de psychologische en daardoor subjectivistische act van het herinneren worden ervan losgemaakt door de mythe van Mnemosyne, een titaniet, ervoor in de plaats te stellen. Deze dochter van hemel en aarde baarde, bezwangerd door Zeus, de negen musen. 'Spiel und Tanz, Gesang und Gedicht gehören dem Schoß der Mnemosyne, der Gedächtnis.'[46] Heidegger grijpt terug op de mythe om het na-denkend denken van een achtergrond te voorzien. Uit deze uiteenzetting komt naar voren, dat denken en kunst letterlijk uit dezelfde schoot geboren worden. Ze hebben dezelfde herkomst, zo lijkt deze mythe te suggereren. Echter, er moet voorzichtig worden omgesprongen met de conclusie dat een dansvoorstelling, een gedicht of een muziekstuk even zozeer een denken zijn als het na-denkend denken.

De reden daarvoor komt zo direct aan bod. Eerst is het van belang de volgende vraag te stellen: Waarom heeft Heidegger het hier alleen over het dichten? Waar blijven de andere muzen en de aan hen verbonden kunstvormen? Een kleine tip van de sluier vormt wellicht de gemeenschappelijke, mythische herkomst van het denken en dichten. Wetenschap, dichtkunst en filosofie behoren van oorsprong allen tot dezelfde muze; Calliope. Daarnaast toont het woord *Dichtung* verwantschap met het vermogende denken; het verdichten, vernauwen van deze verhoudingswijze komt erin

46 Heidegger. 'Was heißt denken?', 130.

terug.[47] Het is alsof het dichten extracten uit woorden trekt en daarmee een plaats voorbereid voor de komst van het zijn. Deze opvatting van dichten moet niet gelijk worden gesteld met de kunstdiscipline die eraan verwant is, de poëzie (*Poesie*). In *Der Ursprung des Kunstwerkes* wordt er over kunst in het algemeen en *Dichtung* in het bijzonder gesproken. Daar wordt duidelijk, dat dichten het wezen van kunst ís. Het dichten blijkt nadrukkelijk verwant aan het na-denkende, wezenlijke denken, dat zich daardoor als verzamelend vermogen van taal überhaupt openbaart. De relatie tussen kunst en het dichten wordt als volgt verwoord: 'Die Dichtung ist hier in einem so weiten Sinne und zugleich in so inniger Wesenseinheit mit der Sprache und dem Wort gedacht, daß es offen bleiben muß, ob die Kunst und zwar in allen ihren Weisen, von Baukunst bis zur Poesie, das Wesen der Dichtung erschöpft.'[48] Heidegger laat de relatie tussen het dichten en de kunsten open. Echter, voor Heidegger is poëzie vanwege haar medium, de taal, het meest oorspronkelijk verwant aan het dichten als een oorspronkelijk 'zeggen' van het zijn. Vervolgens wordt er geopperd dat de andere kunsten 'eigene Wege und Weisen' zijn waarop het zeggen van het zijn als dichten gebeurt. Wat betekent dit? Er zijn verscheidene wijzen en dus verschillende media waarin het gebeuren van het zijn plaats kan vinden, maar alle kunsten hebben de mogelijkheid dit evenement op eigen wijze te voltrekken als *Dichtung*. Over de verschillende media waarbinnen dit 'denken' gebeurt blijft Heidegger stil. Hij is er niet zeker van of kunst op zichzelf genomen het wezenlijke denken, het dichten volledig vervult. De reden daarvoor onvouwt zich vervolgens wanneer Heidegger zich met betrekking tot het concept 'ding' en 'denken' opnieuw tot deze materie gaat verhouden in de ding-voordrachten.

---

47 In 1.41 zal er over het na-denkende denken als een verzamelend vermogen worden uitgeweid. Voor nu is het slechts goed om te weten dat één van de eigenschappen van dit denken is, dat het de komst van het zijn voorbereidt. In die zin is het een verzamelend denken.

48 Heidegger. 'Der Ursprung des Kunstwerkes', 62.

Hij benadrukt een specifieke verhouding tussen denken en dichten, dat in de ding-essays een aantal keer aan de orde komt.[49] Precies zoals hij niet zeker is van de verhouding tussen dichten en kunst, laat hij ook de verhouding tussen denken en dichten hier open. Er wordt in elk van deze voordrachten wel hetzelfde over de verhouding tussen dichten en denken gesuggereerd: 'Das dichtend Gesagte und das denkend Gesagte sind niemals das gleiche.'[50] Oftewel, het dichten en het denken zijn, wanneer ze mediaal, dat wil zeggen bemiddeld, op elkaar worden betrokken niet gelijk. Ze zijn, in hun verscheidene wijzen van zijn, niet gelijk. 'Aber das eine und das andere kann in verschiedenen Weisen dasselbe sagen.'[51] Met andere woorden, hun herkomst, dat in *der Ursprung des Kunstwerkes* het dichten wordt genoemd, is dat wat hen op een bepaalde wijze één maakt. Het evenement van het zijn beschrijft niet alleen hun herkomst als *Mnemosyne,* het is dat wat ze te doen staat, hun gemeenschappelijke roeping.

Hieruit kan een opmerkelijke conclusie over de verhouding tussen denken en doen, tussen performativiteit en performance worden getrokken. Het verschil tussen denken en dichten, de differentie in hun zegswijzen wordt gekenschetst als voorwaarde voor het gebeuren van het zijn: 'Dies glückt allerdings nur dann, wenn die Kluft zwischen Dichten und Denken rein und entschieden klafft. Es geschieht, so oft das Dichten ein hohes und das Denken ein tiefes ist.'[52] Het denken en dichten geven elk iets, respectievelijk het hoge ook wel het heilige genoemd en het diepe ook wel het wezenlijke genoemd, dat samen vanuit hun verschillende wijzen van zeggen het zijn laat gebeuren. Maar wat is het denken hier eigenlijk? Het denken is dat wat Heidegger doet in deze voordrachten. Het is dat wat het wezenlijke filosoferen inhoudt. Het wezenlijke denken, het na-denkende denken echter is omvattender dan dit filosoferen, het behelsd ook het dichten dat de andere muzen

---

49 Vgl. Heidegger, 'Nachwort zu: 'Was ist Metaphysik?', 311-312. Heidegger. 'Wohnen Bauen Denken', 155-156 en Heidegger. '...Dichterisch wohnet der Mensch...'

50 Heidegger. 'Was heißt denken?', 132.

51 Heidegger. 'Was heißt denken?', 132.

52 Heidegger. 'Was heißt denken?', 132.

van Mnemosyne in herinnering brengt. Hun relatie is zo specifiek, dat er in '...Dichterisch wohnet der Mensch...', een voordracht die aansluit op 'Wohnen, Bauen, Denken' specifiek aandacht aan wordt besteed:[53]

> Das Dichten und das Denken begegnen sich nur dann und nur so lange im selben, als sie entschieden in der Verscheidenheit ihres Wesen bleiben. Das selbe deckt sich nicht mit dem gleichen, auch nicht mit dem leeren Einerlei des bloß Identischen. [...] Das selbe laßt sich nur sagen, wenn der Unterschied gedacht wird. [...] Das selbe versammelt das Unterschiedene in eine ursprüngliche Einigkeit. Das gleiche hingegen zerstreut in die fade Einheit des nur einförmigen Einen.[54]

Dichten en denken hebben hun verschil tot verwantschap, omdat de kloof ertussen een opening naar het zijn herbergt. Datgene wat gezegd dient te worden wordt in een '*Zwiesprache*' ontsloten waarin het denken van Heidegger en het dichten van Hölderlin samen het wezenlijke denken tot gebeuren brengen. Dezelfde relatie wordt tussen denken en bouwen in de voorgaande voordracht opgelicht. Blijkbaar is het een differente eenheid, die het zijn uit de tent lokt. Het is belangrijk om het verwantschap tussen denken en bouwen te noemen, omdat het de relatie tussen denken en doen vanuit het bereik van het na-denkende denken als *Gedächtnis* van een bredere, niet-talige medialisering voorziet. Het bouwen is daadwerkelijk één van de wijzen van het na-denkende denken, in zoverre de mens aan het bovenstaande differente één-zijn gehoor geeft en het op die manier, bouwend, opneemt. Een andere naam voor deze oorspronkelijke verhoudingswijze is de scholastieke subsistente relatie.[55] Kenmerkend voor deze relatie is, dat de twee 'kanten' van de 'munt' gelatenheid, het negatieve loslaten en het positieve overlaten, samen een één-zijn met de wereld 'bewerkstelligen.' Deze

---

53 Richardson. *Heidegger*, 588. In de inleiding op '...Dichterisch wohnet der Mensch...' van Richardson wordt opgemerkt dat beide slechts een paar maanden na elkaar worden uitgesproken. 'It is so perfectly consequent with 'Working, Dwelling, Thinking' that the two should be taken together as a single whole [...]'

54 Heidegger. '...Dichterisch wohnet der Mensch...' 187.

55 Vgl. 1.27.

verhouding waarin er *door* iets na te laten uiteindelijk juist een overschrijding naar een gelaten zijn plaatsvindt echoed in de verhouding tussen *Gedächtnis,* dichten en het na-denkende denken. Het overschrijden wordt als het werkelijke handelen opgevat waaruit al het bemiddelde handelen voortkomt. Het kan zijn dat de overschrijding plaatsvindt door een denken als dat van Heidegger in de ding-essays. Het kan ook zijn dat de overschrijding plaatsheeft door een gedicht, een gebouw of een performance. Bezien vanuit een laten, een deelname aan het gebeuren van het zijn echter zijn ze in hun verscheidenheid juist één.

Daarenboven, en dit is het meest belangrijke wapenfeit, wordt er door Heidegger gesuggereerd dat hun samenzijn in hun verschillende belichamingen van het zijnsgebeuren zelfs voorwaarde is voor het evenement van het zijn. Echter, hoe ziet dat eruit? Het samenkomen van een na-denkend denken en de andere dichtende media is een naast elkaar staan, een bij-staan en verblijven-bij elkaar. Het denken geeft de ruimte aan het dichten en het dichten geeft de ruimte aan het denken waardoor er in hun midden een leegte opent waar het zijn een plaats in kan nemen.

Dit onderzoek zal niet over performativiteit als een generatief concept spreken dat vervolgens de twee-werelden ontologie herwerkt of zelfs omvormt. Het zal erom gaan performativiteit als een concept op te vatten dat verwijst naar de oorspronkelijke werkzaamheid die tot stand komt wanneer het denken en het dichten hun gezamenlijke oorsprong tot uitgangspunt voor een specifieke, namelijk gelaten samenwerking maken. Ze doen dat op radicaal verschillende wijze, maar ze hebben elkaars aanwezigheid nodig om tot een overschrijding van de twee-werelden ontologie te kunnen komen. [56] In de simultane aanwezigheid van een performance en een na-denkend denken worden hun verschillende zijnswijzen niet uitgewist. Ze bestaan naast elkaar en in deze nabijheid zijn ze altijd-al één. Een gelaten levenshouding is de dimensie van waaruit hun altijd-al samenzijn naar voren komt en het is vanuit deze dimensie dat ze een onbemiddelde werkzaamheid, een performativiteit aan het licht brengen. Het is een circulaire handeling die vanuit de oorsprong altijd weer terugkeert

[56] Vgl. 1.14

naar diezelfde bron. Vanuit de differente verwantschap van dichten en denken wordt hun handelen zichtbaar als een verplaatsing naar de dimensie van gelatenheid, een beweging terug naar de oorsprong waar ze allereerst uit voort zijn gekomen.

1.13 Theoros en theorein

Wat houdt de simultane aanwezigheid van performance en het nadenkende denken in gelatenheid in? De aanwezigheid bij performance wordt in dit onderzoek naar voren gebracht via het concept van de toeschouwer, dat in theater-, en *performance studies* een belangrijke rol speelt. Deze aanwezigheid van een toeschouwer bij een performance draagt een connotatie van passiviteit. Een toeschouwer schouwt enkel toe. Echter, de ervaring van een toeschouwer kan ook als een gelaten werkzaamheid op begrip worden gebracht. Binnen dit verband wordt het als deelname aan een oorspronkelijk één-zijn, een beweging van overschrijding beschreven. De toeschouwer is degene die in de performance door een volledige deelname en betrokkenheid op wat zich in de performance ontsluit de performativiteit ervan, de overschrijdende werkzaamheid ervan, mede mogelijk maakt.

In dit onderzoek verwijst het toeschouwer-zijn naar de werkzaamheid van *Gelatenheid,* die het één-zijn van performance en denken verder op begrip brengt. De reden hiervoor is dat in dit oorspronkelijke begrip, *theoros,* de negatieve 'productiviteit', de eenheid in differentie tussen denken en doen naar voren komt. De levenshouding die door Gerard Visser via Meister Eckhart als een gelaten zijn wordt weergegeven kan worden beoefend en worden voorbereid in dit toeschouwer-zijn zoals Dieter Mersch in de ervaring van performatieve kunst een oefening in het ethische domein van *Ex-stasis* ontwaart. Er wordt hier echter, in tegenstelling tot Mersch getracht de connotaties met een esthetische houding of een esthetica te omzeilen door performativiteit als een niet-handeling in het verlengde van het gelaten denken te herformuleren.

Wat kan er onder een dergelijke opvatting van toeschouwer-zijn worden verstaan? Daarvoor wordt teruggegrepen op de oorsprong van het toeschouwer-zijn in de Griekse Oudheid. Via een korte samenvatting van de opvatting van theoros in Hans-Georg Gadamers' *Wahrheit und Methode* en de dissertatie van theaterwetenschapper Alexander Jackob wordt de koppeling van het begrip met een gelaten zijn aangetoond.

In *Wahrheit und Methode* verwijst Gadamer naar de theaterpraktijk van de Griekse Oudheid, die binnen de context van religieuze festivals in de stadstaten van Griekenland plaatsvond.[57] Een beroemd festival was het *festival Dionysia,* dat ieder jaar in de stadstaat Athene plaatsvond. Tijdens het festival werden er verschillende tragedies en later ook komedies opgevoerd in een competitieve sfeer. Toeschouwers woonden als afgevaardigden van stammen en later als vertegenwoordigers van de piepjonge Atheense democratie de festivals bij.[58] De taak van de toeschouwers bestond er dan ook uit als afgevaardigde, als genodigde voor het festival, *aanwezig te zijn.*[59]

Alexander Jackob traceert het woord voor deze toeschouwer, theoros, etymologisch vanaf het Griekse begrip theater. Het woord *théa* betekent "Anschauen, Schau, Schauspiel" met daaruit voortkomend *théatron* (toeschouwersplaats-, ruimte) en tenslotte geeft het de verwantschap met het woord voor toeschouwer weer: *theorós.*[60] Gadamer interpreteert de rol van de toeschouwer als volgt: Een theoros is iemand wiens enige taak eruit bestaat aanwezig te zijn bij het festival. Het is dan ook geen 'gewone' aanwezigheid-bij, zoals die in het leven van dag tot dag plaatsvindt. Het is een deelname, een deelhebben aan de sacrale festiviteiten van een evenement dat boven het leven van alledag uitstijgt. Het is het aanwezig-zijn bij een viering. Gadamer verwijst in dat verband naar een element van spel, dat voor hem vanwege de religieuze context waarin het festival plaatsvond geenzins lichtzinnig moet worden geïnterpreteerd. Het spelen van een spel houdt in deze geheiligde context in dat er iets op het spel wordt gezet. In dat verband ook, verwijst Gadamer naar de oorspronkelijke betekenis van het woord

---

57 Vgl. Gadamer. *Wahrheit und Methode,* 126-138. De paragraaf draagt de titel 'Die Zeitlichkeit des Ästhetischen.'

58 Vgl. Brockett. *History of the Theatre,* 14-21.

59 Gadamer. *Wahrheit und Methode,* 129 (118).

60 Jackob. 'Theater und Bilderfahrung in den Augen der Zuschauer', 46.

theôría, dat anders dan de Latijnse vertaling *contemplatio* doet vermoeden, in een 'sakralen Kommunion' gezocht moet worden.[61]

Jackob verleent de smaak van een werkzaamheid in dit aanwezig zijn bij een religieus festival door het een toeschouwende praxis te noemen.[62] Gadamer doet daar een schep bovenop. Het bij-zijn van de toeschouwer verwijst naar een bepaalde vorm van extase, een zodanig in beslag genomen worden door dat wat tegemoetkomt, dat je jezelf vergeet. Het gevaar is nu de praxis van de toeschouwer als zelfnegatie en daardoor ascetisch op te vatten. Gadamer waarschuwt – redenerend vanuit een passage uit Plato's *Phaedrus* – voor deze misvatting. Hij merkt op dat het niet gaat over een innerlijk, naar binnen gekeerd verrukt zijn en daardoor over waanzin. We moeten deze verrukking opvatten als een vorm van 'inactiviteit' die de positieve mogelijkheid volledig aanwezig te zijn bij iets anders dan zichzelf inhoudt.[63] Het is interessant om te zien hoe Gadamer de betekenis van *theoria* en *noein* terug in verband brengt met deze opvatting van de toeschouwer door te laten zien dat beiden oorspronkelijk een pure aanwezigheid bij de dingen zoals ze zijn inhielden. Daarin ziet hij een overeenkomst met de vaardigheid de eigen belangen te laten varen ten behoeve van een theoretische uiteenzetting met iets. Wat hij daarmee bedoelt blijft wellicht nog in het vage, maar deze uitleg van de verwantschap tussen *theoros* en *theoria* als een sacraal samen-zijn in vervoering toont aan wat onder performativiteit als een gelaten zijn moet worden verstaan. Het laat zien dat het loslaten van een eigen-zijn, een op zichzelf-zijn van de toeschouwer overgaat in een geritualiseerd samen-zijn, een aanwezig zijn-bij een zeer belangrijke gebeurtenis die de toeschouwer uiteindelijk verandert.[64]

Wanneer er voor een moment terug wordt gegrepen op de vertaling van noein als een puur vernemen in Heideggers' opvatting

---

61 Gadamer. *Wahrheit und Methode,* 129 -130 (118-119). Vgl. Jackob. 'Theater und Bilderfahrung in den Augen der Zuschauer', 11,12.

62 Jackob. 'Theater und Bilderfahrung in den Augen der Zuschauer', 46.

63 Gadamer. *Wahrheit und Methode,* 130-131 (119-120).

64 Vgl. Gadamer. *Wahrheit und Methode,* 132-138. Daar volgt een uiteenzetting over het wezen van de Griekse tragedie waarin deze verandering meer expliciet onder woorden wordt gebracht.

van fenomenologie moet nog iets worden aangemerkt.[65] Anders dan bij Jackob zal het toeschouwer-zijn dat in theoros doorklinkt niet worden opgevat als een 'schouwen' en daardoor in verband worden gebracht met waarneming. Het is eerder een vernemen, een zijn-bij, dat niet zonder waarneming of bemiddeling gebeurt, maar dat haar oorsprong dankt aan de gemeenschapszin en de religieuze connotaties van het begrip theoros binnen de Griekse polis. De religieuze achtergrond verwijst naar de aard van het zijn van de toeschouwer, van de radicaliteit van het vernemen dat in de deelname aan een festival besloten ligt. De passieve connotaties die het begrip heeft worden daardoor in een ander licht gesteld. Bij Gadamer wordt er in dat kader gesproken van een bepaald aangesproken worden-door (Anspruch). [66] Dat moet ernstig genomen worden. Het in beslag genomen worden door iets dat in de aard van de toeschouwer ligt is het gevolg van een bereidheid ontvankelijk te worden voor datgene wat aanspraak op hem of haar doet. Een deelname aan een religieuze festiviteit houdt een proeven, een vernemen van iets in dat zodanige aandacht vraagt dat de toeschouwer er volledig door in beslag genomen wordt. Wat dat vervolgens bewerkstelligt blijft in het kader van dit onderzoek nog open. Echter, binnen het kader van de religieuze ernst van het festival wordt wel duidelijk dat de aanwezigheid van de toeschouwer een soort gemeenschap oplevert met iets dat een andere verhoudingswijze vraagt. Er spreekt een éénheid, een één-zijn uit die aansluit bij de ervaring van een toeschouwer bij een performance. Het vraagt om een deelname die een één-zijn bewerkstelligt waardoor de alledaagse verbondenheid met de wereld in een radicaal ander licht wordt gezien.

Het grootse belang van deze transcendente ontwikkeling van het concept theoros is de verwantschap die het heeft met het denken in de zin van theoria. Het vervat het na-denkende denken, dat hierboven werd weergegeven als meer dan alleen een berekenend denken. Het sluit aan bij de oorsprong van het dichten en denken zoals Heidegger deze uitlegt doordat het kennisverwerving als een

---

65 Vgl. 1.4.

66 Vgl. Gadamer. *Wahrheit und Methode,* 131-132 (120-121).

verhoudingswijze tot deze bron uitlegt. De 'activiteit' van een theoros is dan ook een vernemen, zoals de fenomenoloog dat doet ten opzichte van de fenomenen, dat noch in termen van activiteit of passiviteit moet worden opgevat. Vanuit deze zienswijze krijgen de wetenschapper en de filosoof, de fenomenoloog en de performance-, en theaterwetenschapper een nieuwe roeping en een nieuwe naam: theoros. Hun enige taak bestaat eruit aanwezig te zijn-bij en zich te laten aanspreken door dat wat hen tegemoet komt. In die zin kan ook de bovenstaande geschiedenis van het begrip performativiteit worden opgevat: het leidt terug naar de wortel van een werkzaamheid waarin zowel performance als denken elkaar vinden. Een theoros is iemand die als aan-wezige aan deze verhouding deelneemt. Dat doet hij expliciet door deel te nemen aan performances, door ze bij te wonen en door daardoor gelatenheid te oefenen. In de onderzoeker als theoros komen de werkzaamheid van het na-denkende denken (theoria) en de performativiteit van performance samen. Ze kunnen vervolgens, zo zal in Deel II van dit onderzoek worden uitgewerkt, naast elkaar bestaand en zich-voltrekkend een gelaten-zijn laten doorschemeren.

DEEL II BEWEGEN IN GELATENHEID

1.14 Een woord achteraf vooraf

In deze beschrijving van de bewegingen van gelatenheid zal er een confrontatie worden aangegaan met de performances waar deze schrijver bij aanwezig is geweest. Taal en woorden worden in deze beweging niet als instrument gezien. Ze staan niet tot beschikking van de schrijver, er is eerder sprake van een wederzijdse afhankelijkheid. Dat wil zeggen: De woorden moeten komen en de schrijver moet voorbereid zijn. Dat betekent dat er gaten kunnen vallen, die achteraf niet te dichten blijken. In het geval van dit onderzoek vallen er gaten tussen de beschrijvingen van de twee onderzoeksobjecten, *08.09.2012 – 21.10.2012* en *Enfant* en de twee theoretische invalshoeken van Meister Eckhart (in samenwerking met Visser) en die van Heidegger. Het was moeilijk, zo niet onmogelijk, om dat wat in de ervaring van de schrijver tijdens deze performances gebeurde rechtstreeks in overeenstemming te brengen met de concepten die in het denken naar voren kwamen. De reden daarvoor werd pas achteraf voelbaar. Er lijkt een fundamentele onoverbrugbaarheid tussen de ervaring van het schrijven en de ervaring van het kunstwerk te bestaan die, vreemd genoeg, toevoegt aan de kracht van hun eenheid. Zoals in paragraaf dertien al naar voren kwam ligt dit waarschijnlijk aan de differente eenheid die er tussen denken en dichten, tussen denken en performance bestaat. Ze zijn fundamenteel different en juist in deze verscheidenheid zijn ze één. De gemene deler is een ervaring van één-zijn door de aanwezigheid bij een performance die bij mij, de onderzoeker, een perspectief op de theorie heeft geopend dat als een oefening in een gelaten verhoudingswijze kan worden opgevat. In de hoedanigheid van het oorspronkelijke bij-zijn van de theoros zijn is de persoonlijke ervaring bij de onderzoeksobjecten uiteindelijk tot stand gekomen.

Er is zoals in paragraaf zes werd voorgesteld geen expliciete samenwerking tot stand gekomen tussen het na-denkende denken van het theoretische perspectief en de beschrijving van de ervaring van de schrijver. De verhandelingen van de performances lijken bijna autobiografisch. Deze schijn van innerlijkheid moet echter niet verkeerd worden begrepen. Wellicht geeft het de verkeerde signalen af, maar in de grond van deze ervaring, zo is de hypothese, zit een oorspronkelijke verbondenheid verborgen die erom vraagt gedacht te worden in zijn één-zijn. De beschrijving kan daardoor hermetisch lijken. Het lijkt alsof er niets vanaf kan worden gehaald en niets aan kan worden toegevoegd. De concepten uit het theoretische gedeelte zijn niet één op één in overeenstemming te brengen met de ervaring in de hoedanigheid van de theoros. Echter wanneer het gereedschap van reductie, destructie en constructie wordt opgenomen om naar deze ervaringen te kijken kwam er achteraf een opzienbarende beeld naar voren. Er kan, telkens, een drievoudige beweging in de beschrijvingen worden ontdekt die de drievoudige beweging van gelatenheid echode. Elke performance wordt eerst, vanuit een directe, persoonlijke en lichamelijke confrontatie met wat er gebeurt, gereduceerd. Er wordt geprobeerd in taal, dat wat er gebeurt, zoals het zich aan de theoros heeft voorgedaan, te beschrijven. Vervolgens worden er tegenbewegingen en rationaliseringen van het gebeurde te berde gebracht om aan te tonen dat door de reductie een andere wijze van denken moet worden aangewend. Tenslotte wordt er een vragend pleidooi voor deze andere denkwijze gegeven. Deze bewegingen vinden binnen de beschrijving van de performances plaats en zijn bedoeld daarbinnen te blijven.

De eenheid in differentie die deze gebeurende beweging binnen de performances verbindt met de drievoudige beweging van gelatenheid luidt als volgt: 08.09.2012 – 21.10.2012 is een performance die als overgang tussen het loslaten en het overlaten zal fungeren. In dit installatiekunstwerk wordt door een ervaring van de overgang van duisternis naar het licht de mystieke dood als ervaring van het niets geëchood. Beweging I, het loslaten, gaat over deze ervaring van het niets bij Heidegger en Eckhart. Terwijl Beweging II, het overlaten als de ervaring van één-zijn in de concepten van de godsgeboorte in de ziel bij Eckhart en het Geviert bij Heidegger voor het voetlicht brengt. Deze ervaring van één-zijn, van mystieke geboorte, wordt geëchood in de performance Enfant waar op de grens tussen beweging en levenloosheid een zich steeds voortzettende ronddraaiende eenheid manifesteert. In Beweging III wordt de rekening van de twee kanten van gelatenheid opgemaakt om te trachten via Eckhart's credo dat de dingen goddelijk moeten worden genomen en Heideggers' pleidooi voor een specifieke nabijheid, een bij-zijn bij de dingen de onovergankelijke eenheid van een gelaten zijn inzichtelijk te maken.

Nu is het is aan de lezer om te proberen als theoros, in dit experimentele tweede deel het risico te ontwaren dat in de beweging in gelatenheid aan de dag wordt gelegd. De lezer wordt niet per se op de proef gesteld, maar er wordt wel een openheid gevraagd zich te laten bewegen door deze oefening in een gelaten zijn.

BEWEGING I LOS*LATEN*

1.15 Inleiding loslaten

Waarom zou je iets loslaten als er eerder van je wordt gevraagd het vast te houden? Waarom zou je iets niet doen als het wenselijker lijkt juist iets te doen? Waarom zou je belevenissen afslaan als ze ons juist zoveel kunnen leren? In Beweging I staat de vraag rondom het loslaten centraal. De grote vraag blijft natuurlijk wat het omarmen van een niet-handeling in denken en in de ervaring van kunst oplevert. Dat antwoord zal pas in Beweging II worden gegeven. Hier gaat het slechts om de bereidheid de neiging tot berekenend denken en de handelende instelling die daar deel van uitmaakt af te leggen. Het gaat hier, met andere woorden, over de manier waarop het zijn gelokt kan worden. Het loslaten wordt uitgediept via het mystieke sterven bij Meister Eckhart, dat zijn equivalent vindt in Heideggers opvatting van de sprong en het offer. Het loslaten wordt uitgewerkt als de negatieve voorbereiding op een andere verhoudingswijze.

Loslaten duidt samen met *overlaten* op de twee kanten van een *verhoudingswijze*, een wijze van zijn, die gelatenheid uiteindelijk is. Zij vormen samen het werkwoord *lâzen*, waar het perfectum *gelâzen (gelaten zijn)* uit voortvloeit. Het is hoogstwaarschijnlijk Eckhart die verantwoordelijk is voor de introductie van deze woorden in het Middelhoogduits. Hij schreef naast zijn Latijnse scholastieke werken ook preken in deze taal, zodat ze toegankelijk zouden zijn voor ongeletterden. Uiteindelijk is uit het zelfstandig naamwoord *Gelâzenheit*, dat in Eckharts' preken slechts twee keer voorkomt, het Duitse woord *Gelassenheit* voortgekomen. Het is adequaat vertaalbaar naar het Nederlands, omdat het het woord al vroeg uit het Middelhoogduits heeft overgenomen.[67]

De keuze in het Nederlands te schrijven heeft dan ook te maken met de nabijheid van de Duitse en Nederlandse talen. Dat geldt niet alleen met betrekking tot de teksten van Eckhart, maar zeker ook voor de specifieke relatie tussen de taal van Eckhart, en het wijsgerige idioom van Heidegger in de ding-essays. Heidegger was vanaf het begin van zijn filosofische carrière geïnteresseerd in de specifieke 'objectieve' oriëntatie van de scholastiek in het algemeen en die van Eckhart meer in het bijzonder. '[...]Heidegger draws

---

[67] Vgl. Visser. *Gelatenheid*, 201-203.

special attention to Meister Eckhart, a thinker in whom the unity of "mysticism" and "philosophy" is clearly exemplified. For not only was Eckhart one of the outstanding figures in the history of medieval mysticism, he was also one of the great Dominican "masters" at Paris.'[68] In zijn habilitatie uit 1916 verwijst Heidegger naar de waarde van de middeleeuwse mystiek ten overstaan van de scholastische filosofie van die tijd, omdat deze een geïntensiveerd idee van de *ervaring*, het leven van de middeleeuwer geeft. Daarnaast maakt hij in een noot zijn verlangen kenbaar Eckharts' mystiek wijsgerig onder de loep te nemen.[69] Tot slot is het van belang in te zien, dat het specifiek de mystieke preken en niet zozeer de scholastieke Latijnse traktaten van Eckhart zijn, waar Heidegger zich veertig jaar later nog mee uiteenzet. In *Vom Satz der Grund* merkt hij met betrekking tot een gedicht van de mysticus Angelus Silesius op: '[Z]ur echten und großen Mystik gehöre die aüßerste Schärfe und Tiefe des Denkens. Dies ist denn auch die Wahrheit. Meister Eckehart bezeugt sie.' [70] Wanneer, afgezien van de overduidelijke referentie naar Eckhart in het boek *Gelassenheit*, naar overeenkomsten tussen Eckhart en de latere werken van Heidegger wordt gezocht zijn er een aantal concepten in de ding-essays waaruit de blijvende affiniteit tussen deze denkers terloops blijkt.[71] Deze onuitgesproken overeenkomsten zullen worden uitgediept in de

---

68 Caputo. 'Heidegger and Eckhart I', 481-482.

69 Vgl. Caputo. 'Heidegger and Eckhart I', 482. Helaas zal dit verlangen niet worden ingewilligd, Heidegger heeft het niet gepubliceerd.

70 Heidegger. *Vom Satz der Gründ,* 56. Vgl. Caputo. 'Heidegger and Eckhart I', 482 en Schürmann, 'Heidegger and Meister Eckhart on Releasement', 100. Heidegger spreekt op pagina 54 over een citaat uit het gedicht van Silesius waarin de roos bloeit 'zonder waarom'. Dit 'zonder waarom' is de bron van het dichten en de mystiek die aan het denken, dat gehoor geeft aan de strengheid van filosofische denkwijzen, *vooraf* gaat en er niet toe behoort. Het behoort echter wel toe aan een diepte en scherpte van denken die bij Eckhart te vinden zijn. Hier is wederom het onderscheid tussen een berekenend en een na-denkend denken te ontwaren.

71 Vgl. Schürmann, 'Heidegger and Meister Eckhart on Releasement'. De zeven plaatsen waar Heidegger expliciet refereert aan Eckhart worden door Schürmann overzichtelijk uiteengezet.

komende paragrafen om tussen de regels van beide denkers de aandacht te kunnen richten op gelatenheid.

1.16 Gerard Visser en het lege midden

Zoals eerder is vermeld wordt *Gelatenheid: Gemoed en hart bij Meister Eckhart* intensief geraadpleegd als intermediair tussen Meister Eckhart en Heidegger.[72] De titel doet reeds vermoeden dat het om een 'onderzoek naar het wezen van het affectieve' gaat.[73] In dit geval moet er iets meer worden uitgeweid over de achtergrond van Vissers' denken. De context voor zijn onderzoek is 'een bezinning op de voorwaarden van een toekomstige spiritualiteit.'[74] Voor Gerard Visser heeft de crisis van de metafysica, in navolging van Dilthey, Nietzsche en Heidegger uiteindelijk een levensfilosofische invulling nodig. Vanuit dat kader pleit hij voor een herwaardering van het spirituele domein via het domein van het affectieve (het gemoed). Daarmee gepaard gaat een rehabilitatie van het begrip 'ziel'. Zijn interpretatie van de geschiedenis van het Westerse denken, die hij in zijn boek *De druk van de beleving* (1998) uit de doeken heeft gedaan,

---

72 Gerard Visser heeft een achtergrond in fenomenologie en geschiedfilosofie en bezit als (cultuur)filosoof een interesse in kunst en religie. Deze achtergrond zorgt ervoor dat de filosofie van Meister Eckhart in verband met Aristoteles, Dilthey, Nietzsche en Heidegger wordt uiteengezet. Deze inzet is van belang in zoverre, dat er een fenomenologische benadering van Eckharts' teksten in doorklinkt. De benadering sluit dermate goed aan bij de fenomenologisch-ontologische methode van dit onderzoek dat het boek als uitgangspunt is genomen bij de preken van Eckhart. Daarbij moet in acht worden genomen dat de aandacht van de notie van het affectieve wordt verschoven naar de ervaring van kunst. Wanneer er over concepten als gemoed en de ziel wordt gesproken gebeurt dit in verband en met het oog op de ervaring van de theoros. Het licht dat dit boek werpt op de vraagstukken van heeft een voorzichtige herwaardering van een concept van innerlijkheid tot gevolg, zonder dat daarbij de binding met het leven en de wereld worden afgesneden. Het geeft de ruimte aan een binnenwereld van de mens die niet tegenover een buitenwereld wordt gepositioneerd, maar die eerder als klankkast kan worden opgevat die het samenspel tussen mens en zijn omgeving versterkt. Het concept van éénheid dat uiteindelijk uit het experiment, dat deel II omvat, voortkomt is schatplichtig aan deze opvatting van innerlijkheid.

73 Visser. *Gelatenheid,* 14.

74 Visser. *Gelatenheid,* 11.

gaat ervan uit dat zich sinds de Verlichting twee verhoudingswijzen ofwel levenshoudingen manifesteren: allereerst die van de rationaliteit, vervolgens en als antwoord erop, die van de beleving (*Erlebnis*) en daarmee van het leven. De in deel I uitgewerkte opvatting van een verlangen naar onmiddelijkheid en een hernieuwde verbinding met de wereld sluiten bij deze opvatting van leven aan. 'Het verlangen de ontheemde ratio opnieuw in te bedden, nu niet meer in de *logos*, de *intellectus*, of de *Vernunft* alleen, maar in de volte van het leven, leidt eind negentiende eeuw in de Europese kunst en filosofie en in de tweede helft van de twintigste eeuw in heel het maatschappelijk leven tot een nieuwe verhoudingswijze, die zich laat aanduiden met het woord *beleving*.'[75] In de inleiding op *Gelatenheid* vat hij die verhoudingswijzen wederom bij de kraag en koppelt daar het denken van Eckhart aan: 'In Eckharts leer neemt het begrip van het leven een opmerkelijk centrale plaats in.'[76] Het eerdergenoemde verlangen naar onmiddelijkheid kent twee tendenzen: '[...]enerzijds een belevingsrationaliteit die zich breed maakt, anderzijds een verlangen naar rust' en voegt daar direct ook de volgende opvatting aan toe: '[...]dat zich alleen laat stillen langs de weg van een hernieuwde verinnerlijking, die gelaten stemt.'[77] Dat wat hier belevingsrationaliteit wordt genoemd geeft blijk van de ambiguïteit van de beleving. Enerzijds kan beleving worden ingezet binnen een nieuw soort rationaliteit, die het leven verstikt en laat verworden tot een eindeloze veelheid aan indrukken, tot een 'belevenismarkt'. Anderzijds wijst ook dit begrip richting een houding die het leven kan laten wat het is. Visser geeft met dit boek een pleidooi voor niet alleen het belang van het affectieve en een rehabilitatie van de beleving ten opzichte van de ratio, maar ook en daardoorheen een pleidooi voor een herwaardering van een zekere spiritualiteit die hij koppelt aan de geschiedenis van het Westerse denken.

Doorgaans begrijpen we de Verlichting als de emancipatie van de wetenschap uit het hechte verbond van religie, kunst en filosofie in

75 Visser. *Gelatenheid*, 8.

76 Visser. *Gelatenheid*, 157.

77 Visser. *Gelatenheid*, 11.

> de aristotelische rationaliteit van de scholastiek. [...] Wordt dit proces verabsoluteerd, vereenzelvigt men alle weten met wetenschappelijk weten, dan dringt dit kunst, filosofie en religie in de marge.[78]

Deze verwetenschappelijking van de wereld wordt doorgaans negatief geformuleerd en heeft binnen dit onderzoek al naam gemaakt als *crisis* van de metafysica. Het is dan ook des te opvallender dat Visser er een tweede, bijzondere draai aan geeft: 'Het midden, dat werd ingenomen door God, wordt in het denken niet opnieuw bezet [...]. In plaats daarvan scharen kunst en religie, filosofie en wetenschap zich gezamenlijk rond een *leeg en open midden,* dat zij elk op eigen wijze, in het eigen medium, behartigen.'[79] Deze opvatting van een leegte, een openheid die fundamenteel open moet blijven om elke pool van onze maatschappij op zijn plaats te houden is wat zijn zoektocht naar gelatenheid motiveert. Eckhart brengt namelijk precies dit midden, dat volgens Visser een spiritueel grondgegeven betreft, het meest treffend voor het voetlicht. Met andere woorden, het concept van de ziel bij Eckhart wordt het platform voor een pleidooi voor een leeg midden waar niet het intellect, ofwel de wetenschap, het podium betrekt, maar waar het affectieve en de daaraan verbonden opvatting van leven ervoor zorgen dat dit midden leeg blijft. Binnen deze context moet dan ook Vissers opvattingen over Eckhart worden gezien en vanuit deze achtergrond waant dit onderzoek zich vrij de semantische drievoud van gelatenheid direct te koppelen aan de mystieke opvattingen van geboorte en dood die in het boek van Gerard Visser worden behandeld.

1.17 De godsgeboorte in de ziel

Voordat duidelijk word wat er onder de *Mors Mystica,* ofwel mystieke dood wordt verstaan, is het nodig te weten waar deze toe leidt. Bij Meister Eckhart leidt het tot een gebeurtenis die zijn 'grondgedachte' inhoudt: de godsgeboorte in de ziel. Visser noemt deze, in navolging van Eckhart, ook wel 'kus van de godheid'.[80] Het

---

78 Visser. *Gelatenheid,* 11.

79 Visser. *Gelatenheid,* 11.

80 Visser. *Gelatenheid,* 105.

verlangen naar onmiddelijkheid en naar een hereniging met de leefwereld zou, zo is Vissers opvatting, wel eens beantwoord kunnen worden in deze beweging van sterven en herboren worden.

Bij Eckhart betekent de godsgeboorte in de ziel allereerst een afscheid van de eigenwilligheid van de mens en een daarmee gepaard gaande opschoning van de ziel. 'De ziel ondergaat een radicale onthechting, waarin de eigenwilligheid plaatsmaakt voor een toestand van leegte.' [81] Deze toestand van leegte doet onmiddellijk denken aan de leegte die de emancipatie van de wetenschap tijdens de Verlichting teweeg heeft gebracht. Daar zal later in dit gedeelte verder op in worden gehaakt. Vervolgens wordt aan deze toestand van leegte direct ook een specifiek concept van vereniging, van *eenheid* verbonden. 'Een leeg gemoed is ontvankelijk voor het zonder waarom, voor de eenheid, voor het, zoals ik dit zelf bij voorkeur noem, onuitsprekelijk intacte van het leven.' [82] Het sterven van de ziel betekent altijd een leeg worden, dat tegelijkertijd een openende beweging, een uitnodiging inhoudt. Deze ontvankelijkheid is niet zomaar een uitstaan naar buiten; het is niet alsof de ziel zich opent voor elke indruk die naar binnen wil. Het is eerder alsof de ziel zich naar binnen toe opent en verdiept en daardoor uiteindelijk ook een andere dimensie van leven in ontvangst kan nemen. Bij Eckhart is de leegte een uitnodiging voor de godheid om daarin plaats te nemen. Het is een paradoxale beweging. In eerste instantie lijkt het alsof alle beelden en indrukken van buitenaf worden afgewezen.[83] Maar uiteindelijk zal blijken, dat

---

81 Visser. *Gelatenheid,* 163-164.

82 Visser. *Gelatenheid,* 157.

83 De opvatting van innerlijkheid die in noot 11 wordt geïntroduceerd, is van grote waarde om te begrijpen op welke manier het vraagstuk rond innerlijke beelden tegemoet kan worden getreden zonder dat daarin direct de twee-werelden ontologie en het vraagstuk van representatie (vgl. 1.8) het verschil tussen binnen en buiten direct bekritiseert. In dit geval gaat het erom de klankkast-analogie zo in te zetten, dat een idee van innerlijkheid werkzaam wordt gemaakt. Dat wil zeggen: als het innerlijk leeg of vol kan zijn en dat gevolgen heeft voor de wijze waarop de wereld (het buiten) tegemoet wordt getreden, kan het vruchtbaar blijken deze analogie in te zetten om een andere relatie met het buiten aan te gaan. De radicaliteit van het sterven geeft vervolgens de mogelijkheid de tegenstelling tussen binnen en buiten ook daadwerkelijk te overschrijden.

dit sterven een hernieuwde verbondenheid met de dingen in de wereld oplevert. Voor Eckhart betekent een hechte verbondenheid met een transcendente instantie, in dit geval God, zeker niet dat de mens per se van ver van de alledaagse werkelijkheid verwijderd moet blijven. Sterker nog, deze eenheid tussen ziel en god is de grond van waaruit de mens in evenwichtig contact komt met het leven en met zichzelf, waarin het leven *ten volle beleefd* kan worden.

De metafoor van *geboorte* maakt vervolgens iets duidelijk over de manier waarop deze eenheid tot stand kan komen: 'de eenheid van godheid en leven concentreert zich in Eckharts favoriete beeld, de geboorte.' [84] Dit beeld evoceert de alomvattendheid van een gebeurtenis waar de mens alleen aan kan deelnemen door zich eraan over te geven en zich erin te laten onderdompelen. Visser merkt daarover op:

> Eckharts leer van de godsgeboorte in de ziel is niet zozeer een hoogst speculatieve gedachte, als wel in de eerste plaats een existentiële en mystieke ervaring die men alleen in het leven zelf deelachtig wordt. De geboorte gods in de ziel voltrekt zich van zich uit. Zij kan op geen enkele manier vanuit de mens worden bewerkstelligd. Wel kan de mens voor die geboorte een plek bereiden.[85]

Uit deze observatie blijkt dat het om een ervaring van eenwording gaat die *vanuit* een spirituele grond doorwerkt tot *in* de ervaring van het alledaagse. Deze ervaring is een unieke gebeurtenis, die niet van buitenaf, berekenend tegemoet kan worden getreden en niet inwisselbaar is voor welke andere belevenis dan ook.[86] Het laat zich

---

84 Visser. *Gelatenheid*, 161.

85 Visser. *Gelatenheid*, 162.

86 Vgl. Mersch. *Ereignis und Aura* en Gumbrecht. *Production of Presence*, 145-152. In deze publicaties wordt de ervaring van een kunstwerk gekenmerkt door een dergelijke transcendente, want een *Ereignis*-dimensie. In beide gevallen staat die eerst radicaal los van het dagelijkse leven (bij Mersch als een ervaring van *Ex-sistenz*, van uitstaan naar het Andere), maar zorgt deze er desondanks voor dat de dagelijkse omgang met de wereld, een praktisch-ethische omgang met de wereld wordt. Bij Hans-Ulrich Gumbrecht is deze dimensie niet zodanig theoretisch geëxpliciteerd aanwezig als bij Mersch. Echter, het autobiografische karakter van het boek zorgt ervoor dat er een blik wordt geopend op de singulariteit van deze

niet dwingen of vangen, maar kan enkel ontvangen worden. Het dient zich bij de mens aan, niet andersom. Het vraagt een ander soort handeling, die aan het verschil tussen activiteit en passiviteit voorbij gaat. Sterker nog, het maakt dit onderscheid eerst mogelijk vanuit een eenheid dit het leven als geheel opvat en die daarmee het zijn verleidt zich te openbaren.

1.18 Het lege gemoed

Het beeld van het sterven dat vanuit Meister Eckharts' preken wordt ontwikkeld staat voor de ontlediging van een specifiek deel van de ziel. In zijn *Reden der Unterweisung* (Levenslessen) komt deze lege toestand van de ziel vrij snel ter sprake. De godsgeboorte in de ziel wordt in dergelijke levenslessen als vanzelf gerelateert aan de levenswereld van, in dit geval, jonge monniken.[87]

> Het krachtigste, het zowat machtigste gebed waarmee je alles kunt verkrijgen en het bovenal waardevolste handelen komt voort uit een ledig gemoed.[...]Het ledige gemoed kan alles. Wat is een ledig gemoed? Ledig is een gemoed wanneer het door niets in de war gebracht wordt en aan niets is gebonden, wanneer het niet door bepaalde emoties wordt vertroebeld en in geen enkel opzicht met zichzelf bezig is, doch volledig is verzonken in de liefste wil van God en uit zichzelf is uitgetreden.[88]

Twee zaken vallen in deze uitspraak op. Eckhart heeft het niet over de ziel, maar eerder over een leeg gemoed. Ten tweede spreekt hij expliciet over de werking van dit soort gemoed wanneer hij deze

---

ervaring van één-zijn-met, die eenzelfde beweging van transcendentie terug naar de wereld laat zien.

87 Vgl. Eckhart. *Predigte & Traktaten II*, 790-792 (Stellenkommentar). De verzameling levenslessen heeft een specifiek publiek en daarmee een specifiek doel; het is het transcribent van gesprekken die tussen Eckhart en de kloosterlingen waar hij (geestelijke) verantwoording voor droeg plaatsvonden. In deze gesprekken werden praktische en morele vraagstukken betreffende het kloosterleven door novices gesteld en door Eckhart behandeld. Het mooie daaraan is dat de mystieke concepten van Meister Eckhart een toegankelijke invulling krijgen.

88 Eckhart. *Over God wil ik zwijgen*, 244. Eckhart. *Predigte & Traktaten II*, 336-338: 30-6, 337-339: 30-6.

voorstelt als een 'alles kunnen'. Hoe geraken we van het concept van de ziel bij het lege gemoed en vooral, bij de eraan verbonden kundigheid? Als eerste is het nodig te onderzoeken wat Eckhart en zijn tijdgenoten onder gemoed verstaan. Dan is het van belang te weten wat een leeg gemoed, dat uit zichzelf kan uittreden, inhoudt. Als laatste zal het in deze paragraaf gaan over de werkzaamheid, het resultaat van een leeg gemoed. Via deze weg zal daarna de mystieke dood, als een niet-iets dat uiteindelijk niet *niets* is, uitgelegd worden.

Het woord 'gemoed' had voor Meister Eckhart en zijn tijdsgenoten een andere achtergrond dan het in hedendaagse uitingen heeft. Net zoals Heidegger het klassieke begrip 'stemming' existentieel herinterpreteert, doet Visser dit in navolging daarvan voor het woord gemoed.[89]

Anders dan de tegenwoordige interpretatie van het gemoed als een deel van de innerlijke mens dat enkel met *emoties en gevoelens* van doen heeft blijkt het gemoed aanvankelijk een alomvattend gebied in de menselijke ziel aan te wijzen. Later vertegenwoordigde het binnen de scholastiek specifiek de vermogens tot denken, willen en voorstellen. 'Gemoed had, met andere woorden, nog niet uitsluitend betrekking op het affectieve, maar op het geheel van de geestelijke krachten of vermogens van de ziel, en daarbinnen, in het wijsgerige begrip, zelfs primair op het mentale, dat wil zeggen op het voorstellen en denken en het willen (het rationeel gevormde streven).'[90]

Visser neemt doelbewust een gematigde positie in wanneer hij het gemoed opvat als het bewogen-zijn van een geheel, als een bepaalde *zijnsverhouding*. Het is interessant te zien hoe de affectieve connotaties in de mystieke geschriften van Eckhart een andere dimensie krijgen wanneer door door Visser als een existentiële verhoudingswijze ten opzichte van de wereld worden opgevat.[91]

---

89 Vgl. Visser. *Gelatenheid*, 40.

90 Visser. *Gelatenheid*, 19.

91 Vgl. Caputo. 'Meister Eckhart and the Later Heidegger I', 479-483. Caputo geeft via Heideggers' opvattingen over de scholastieke wijsbegeerte in zijn vroege werken een overtuigend beeld van de mogelijkheid de middeleeuwse opvatting van de menselijke ervaring in te zetten om een

Wat het gemoed *doet* wanneer Eckhart de mens opdraagt deze leeg te maken is dus, de strevingen van denken, willen, voorstellen stil te leggen. Een ander woord voor deze strevingen is 'eigenwilligheid'.

In *Renovamini spiritu* wordt een uitspraak van kerkvader Augustinus uitgewerkt: 'Nu zegt Augustinus dat God in het hoogste deel van de ziel, dat *mens* heet of gemoed, tegelijk met het zijn van de ziel een kracht heeft geschapen die de leermeesters een bergruimte of schrijn noemen voor geestelijke vormen of gevormde beelden.'[92] Het deel van de ziel dat Eckhart aanwijst als plaats waar de godsgeboorte gebeurt wordt in dit gedeelte verbonden aan de *abditum mentis* van Augustinus die de namen *'mens'* en *'gemüte'* dragen. Daarin is zichtbaar hoe het gemoed vanuit de traditionele scholastieke teleologie tot de regionen van mentale vermogens (denken, willen, herinneren) wordt gerekend en in verband wordt gebracht met 'innerlijke beelden' en 'geestelijke vormen'. Het heeft betrekking op een opvatting van innerlijkheid en bewustzijn die nog doorwerkt tot in het Duitse Idealisme.[93]

Het is gemakkelijk de bovenstaande concepten van beeldopslag, innerlijke ruimten en zielskrachten vanuit een berekenend denken op te vatten en daardoor de laat-middeleeuwse context ervan mis te verstaan. Vanuit dit perspectief lijken de ideeën van Eckhart gestoeld op een hard onderscheid tussen innerlijk en uiterlijk, tussen lichaam en ziel, tussen zijn en zijnden dat hij uit de scholastieke traditie overneemt. Wat eerder van belang is voor een begrip van het gemoed en innerlijk bij Eckhart is echter wat er met deze beelden en vormen *gedaan* dient te worden. Er wordt in *Renovamini spiritu* geopperd dat het gemoed, de grond van de ziel, een kracht bezit om beelden of vormen in bewaring te nemen. Op de bodem van de ziel, in het wezen van de ziel bevindt zich een soort kluis (*Behältnis, sloz*) die tegelijkertijd een ereplaats (*Schrein, schr*) is.[94]

---

reductie uit te voeren van de moderne, psychologische invulling van het gemoed.

92 Eckhart. Over God wil ik zwijgen, 202.

93 Vgl. Caputo. 'Meister Eckhart and the Later Heidegger I', 483.

94 Vgl. Eckhart. *Predigten & Traktaten* II, 188:5-8, 189: 5-8, 732-733 (Stellenkommentar). Het eerste woord tussen haken geeft de Duiste vertaling weer, het tweede woord de originele Middelhoogduitse vertaling.

De krachten van de ziel die beelden opslaan dienen de beelden die ze vasthouden ter voorbereiding op de godsgeboorte in de ziel *los te laten*. Het slot moet van de gevulde kluis, omdat deze leeg dient te zijn. De leegte die het gevolg is van het loslaten gaat voorbij aan dimensies waarin er nog onderscheid bestaat, waarin er nog binnen of buiten bestaat.

De laatste vraag zoekt naar wat het betekent, dat een leeg gemoed uit zichzelf uit kan treden en vervolgens 'alles kan'. Zoals hierboven werd beschreven heeft dat te maken met het vermogen niets te willen, voor te stellen, ofwel te *doen* met de wereld. De intentionele gerichtheid wordt hier niet bewust gethematiseerd en daarna gestuurd, zoals bij een fenomenologische reductie het geval is. Het vermogen intentioneel betrokken te zijn op de wereld wordt afgelegd. De wereld is niet meer toegankelijk via wat ik wil, ik verlang, ik denk of kan.[95] Dat heeft tot gevolg, dat de ziel ontruimd is en daardoor vrij is. Het alles-kunnen verwijst naar een bepaald soort vrijheid, die, zo zal nog blijken, voornamelijk de relatie tussen mens en wereld verandert. Dit is wat een alles-kunnen inhoudt: niet gebonden aan de dingen te zijn en daardoor steeds het eigen streven erop te projecteren, maar vreedzaam met ze co-existeren door ze los

95 Voor Visser is hetgeen dient te worden uitgeschakeld, de intentionele betrekking tussen object en subject. Hij merk daarover op: 'In hun geschapen staat zijn de zielskrachten kracht bij de gratie van hun intentionaliteit.' 95 Het is een interessante these om een overeenkomst tussen deze radicale opvatting van zielsontlediging bij Eckhart terug te laten voeren op de fenomenologische reductie. De twee zijn absoluut niet zonder meer te vergelijken, omdat de intentionele betrokkenheid op het fenomeen in de Husserliaanse traditie van de reductie nu juist de kern van het filosofische onderzoek vormt. Toch is er iets voor te zeggen, omdat de teksten van Meister Eckhart als geen ander de aandacht richten op de differentie tussen zijn en zijnden (opgevat binnen de een ontologisch-fenomenologische methode) en dit verschil radicaliseert door het subject object onderscheid, de intentionele betrokkenheid die eruit voortvloeit niet alleen in het zicht te brengen, zoals de Husserliaanse reductie doet, maar deze ook te destrueren. Het mystieke sterven beantwoort aan deze radicaliteit in overeenkomst met de opgave van sterfelijkheid waar de mens bij bepaald wordt. Daarover volgt meer in 1.21 & 1.23 van deze beweging.

te laten. Het alles-kunnen is geen vermogen dat over dingen heerst. Zoals de mens zelf vrij is van zijn eigenwillige houding, zo kunnen de dingen zelf vrij zijn in de manier waarop ze tegemoet treden. Het concept van het sterven laat zien hoe de dingen van niets, want *van* ons, tot iets, want *samen met* ons, worden.

1.19 Mors Mystica

Een andere benaming voor het leegmaken van de ziel is *mors mystica*, de mystieke dood, en het daarmee onlosmakelijk verbonden concept van het *niets*. Allereerst, is het van belang dat het soort ascese wat Eckhart hier voorstaat van een andere aard is dan de vooroordelen die erover bestaan. Het is nooit Eckharts' bedoeling het lichaam uit te hongeren of te pijnigen om via deze weg innerlijke verlichting af te dwingen. De krachten van de ziel, die de bemiddeling tussen het innerlijk, de ziel en de wereld vormen hoeven niet zozeer *letterlijk* stilgelegd te worden. Het is nog maar de vraag of het simpelweg *na*laten van een handeling dit bewerkstelligt. Het opzoeken van een plaats waar geen afleiding is zal, zo blijkt, aan het sterven van de ziel uiteindelijk niets toevoegen.[96]

Het gaat er eerder om dat het sóórt verbonden-zijn aan het geschapene, dat door de zielskrachten tot stand komt, wordt afgewend.[97] Van wat voor soort gebondenheid is in dit geval dan sprake? Het gaat hier, net als in de vorige paragraaf werd opgemerkt, over wat Eckhart de eigenwilligheid van de mens noemt. Visser komt met een goede observatie, wanneer hij de zielskrachten in relatie tot de dingen in termen van *intentionaliteit* verwoordt. Daarmee wordt een fenomenologisch-existentiële blik op de mystieke ontlediging van de ziel aangekondigt zoals die met betrekking tot het lege gemoed al werd geïntroduceerd.

De krachten van de ziel en daarmee wordt bedoeld, de mogelijkheid die ze bieden om op bepaalde wijze in contact te treden met de dingen in de wereld, moeten worden losgelaten. '[W]at jou hindert in de dingen ben je zelf, want je verhouding tot de

96 Eckhart. *Over God wil ik zwijgen*, 245, 247.

97 Het verschil tussen geschapen-zijn en ongeschapen-zijn is deel van het *duplex esse*. Vgl. 1.26

dingen is verkeerd. Begin daarom eerst bij jezelf en laat jezelf los.'[98] Het loslaten van jezelf krijgt verscheidene benamingen bij Eckhart. In de eerste plaats als het loslaten van de *Ich-bindung* (in het Middelhoogduits: *Eigenschaft* genoemd) en daarnaast als een zeker niet-weten. [99] Aangezien de hoogste functies van de ziel met het *intellectus* (denken, willen, voorstellen) in verband worden gebracht kan daaruit worden afgeleid dat de 'geestelijke dood' die Eckhart voorstaat geen regio van het zelf onberoerd laat: 'Zou je ten aanzien van alle dingen helemaal onwetend kunnen worden, ja, je zou kunnen geraken tot een niet-weten van je eigen leven [...].'[100] Het niet-weten wordt in deze passage rechtstreeks gekoppeld aan het eigen leven. Het gaat erom de omgang met jezelf als iemand die, via bijvoorbeeld het vergaren van kennis, controle uitoefent over de dingen verandert in een afscheid van dit zelf. Dat klinkt zeer radicaal. Het gemoed wordt leeggemaakt, zodanig dat zelfs het eigen lichaam en de vermogens die daaraan verbonden zijn worden opgegeven 'Toen had zijn geest alle krachten zo helemaal in zich getrokken dat het lichaam voor hem iets vergetens was; toen werkten noch het geheugen, noch verstand, noch de zintuigen en krachten wier taak het is om het lichaam te leiden en toe te rusten [...].'[101] De krachten van de ziel worden helemaal ingetrokken en afgewend van het geschapene. De beweging van in-trekken is verbonden aan het wijsgerige idee van het niets, dat is ook waar het sterven op lijkt. Het is een beweging naar binnen, een beweging die volledig afsluit.

---

98 Eckhart. Over God wil ik zwijgen, 244-245.

99 Vgl. Visser. *Gelatenheid,* 23. Noot 10. Daar wordt het Middelhoogduitse woord verbonden aan een opvatting van eigendom dat primair verwees naar het eigendomsrecht op goederen in de Middeleeuwen. In analogie daarmee wordt aan God alleen het recht op eigendom van dingen in de wereld (*eigenschaft*) toegekend. Eigenwilligheid betekent in middeleeuwse religieuze context een ontkenning van Gods eigendomsrecht. Het loslaten van de eigenwilligheid is in dat geval dus direct betrokken op God als leenheer van al het geschapene. Het gaat in dit geval natuurlijk wel over een opvatting van God als schepper en niet over de godheid. Vgl. *duplex esse* in 1.26

100 Eckhart. Over God wil ik zwijgen, 43.

101 Eckhart. Over God wil ik zwijgen, 43.

In *Dum Medium Silentium* wordt het ontruimen van de ziel voorgesteld als een in-één-trekkende beweging. Er wordt van de ziel gevraagd zich naar binnen toe inéén te trekken zodat het zichzelf niet meer vanuit de *menigvuldigheid* van het geschapene, vanuit een intentionele betrokkenheid op de dingen definieert. In plaats daarvan komt het zichzelf als *één* en *ondeelbaar* tegemoet. Met andere woorden, de ziel heeft *niets* meer om zichzelf aan te meten. Het is enkel op zichzelf betrokken en keert in tot een wezenlijk deel van zichzelf.[102] De ziel wordt leeg en trekt daardoor het niets aan. Op deze wijze kan het een plaats worden voor een soort God, de godheid, die aan de menigvuldigheid (aan een geschapen Godsbeeld) voorafgaat en van de orde van het zijn is.[103] Deze godheid laat zich alleen in met een ziel die edel is.

> 'Daarom moet de ziel waarin die geboorte zal plaatsvinden zich gelouterd hebben en heel edel leven en in eenheid en heel innerlijk, niet via de vijf zintuigen naar buiten lopen, de menigvuldigheid in van de schepselen, maar geheel innerlijk zijn en vereend in het louterste: daar is Zijn plaats, voor minder doet Hij het niet.[104]

Het louterende element van de zielsontlediging is de daarin besloten overgave aan een groot onbekend gebied dat zich als een niets aan de ziel voordoet. Deze overgave komt nog het meest overeen met het beeld van de sprong. Het betreft hier een dimensie van het ongeschapene dat radicaal verschilt van het geschapene.[105] Voor de ziel lijkt deze dimensie nergens op. Het komt hem voor als een zwart gat, één groot niets, omdat het alleen aan het geschapene en zijn menigvuldige verschijningen gewend is. Hoe kan dat worden verhelderd? In *Gelatenheid* wordt de metaforiek van licht tegenover duisternis aangehaald die zeer verwant is aan de mystieke traditie[106]:

---

[102] In 1.28 & 1.29 wordt dit wezen van de ziel als *grond* uitgebreider besproken.

[103] In 1.26 wordt uitgebreid aandacht besteed aan dit onderscheid tussen God en godheid in het kader van het *duplex esse*.

[104] Eckhart. Over God wil ik zwijgen, 38.

[105] Hier kan een analogie worden bevestigd met Heideggers' ontologische differentie.

[106] Vgl. Visser. *Gelatenheid,* 96, 162. Op die laatste pagina wordt de godsgeboorte in de ziel tussen drie stadia van innerlijke bevrijding

'Dit onvermengde licht is voor de ziel een duisternis, een niets, haar niets, omdat het geen houvast meer biedt in de vorm van het haar vertrouwde zijnde. De traditie spreekt in verband met deze ervaring van de mystieke dood [...].'[107] Visser bespreekt de ervaring van deze sprong als een proces waarin er door de harde overgang van licht naar duisternis opnieuw zicht moet ontstaan, zoals ogen bij een dergelijke overgang tijdelijk het zicht wordt ontnomen.

Wat door de lichtmetafoor wordt verduidelijkt is dat de initiële duisternis in werkelijkheid een ongemengd licht is. Visser verbindt daaraan de conclusie dat het niets van de mystieke dood geen absoluut niets, geen vacuüm voorstelt. Door de bereidheid van het in-een-trekken, de bereidheid te sterven aan intentionaliteit, wordt de dimensie van het ongeschapene echter welzeker *ervaren* als een niets. Het niets waaraan de ziel zich overgeeft is voor haar daadwerkelijk een niets. Het betekent het afscheid van alles wat zij kent, dat wil zeggen van de manier waarop zij de dingen kent. De sprong moet uiteindelijk *ervaren* worden als een vallen. De mogelijkheid van vaste grond onder de voeten is de mens ontnomen met maar één doel: de godheid dwingen haar val te breken. Diegene die de sprong waagt ziet er, van buitenaf bezien, vreemd uit.

> Wanneer nu die mens zich richt op iets hoogs en edels, dan trekt de ziel al die krachten die zij aan de vijf zintuigen heeft geleend weer tot zich. Van zo'n mens wordt gezegd dat hij *buiten zinnen* en *in vervoering is*, want het object waarop hij zich richt is zuiver

---

gesitueerd. Deze zijn verwoord naar de lichtmetafysica van Dionysius Areopagita die de mystieke opeenvolging van *purgatio, illuminatio* en uiteindelijk *unio* in termen van een opklimmen naar het goddelijke licht inzichtelijk maakt. De mystieke ervaringen van het sterven en daarna vervulling markeren de overgangen tussen deze drie. Vgl. Eckhart. *Predigten & Traktaten* I, 749-752. (Stellenkommentar) In het kader van dit onderzoek wordt er gezinspeeld op de metaforen van licht en donker en wordt ook de drievoudige beweging van deze mystieke vervulling spelenderwijs benaderd. De indeling van Deel II is op deze drievoudige beweging en haar overgangen geïnspireerd door ze, nogmaals spelenderwijs, in verband te brengen met de drievoudige zin van het woord gelatenheid.

107 Visser. *Gelatenheid,* 166.

geestelijke voorstelling of iets dat in abstracto, zonder enige voorstelling wordt gekend.[108]

We hebben het nog niet gehad over afgescheidenheid, het begrip dat bij Eckhart het equivalent van het later ingevoerde woord gelatenheid betekent. Het niets licht echter een tip van de sluier op betreffende het karakter van deze levenshouding: '[W]at ontvangen moet worden, moet ergens in ontvangen worden. Nu komt afgescheidenheid het niets zo nabij, dat geen ding zo teer is gebouwd dat het daarin zou passen, behalve God.' [109] De godsgeboorte in de ziel verwijst naar een eenheid tussen het edele deel van de ziel dat het niets zó nabij kan komen, dat het daar zelf niet meer uit terug kan keren. De leegte die de ziel overneemt is van een zodanig karakter, dat ze niet meer in staat is zelfstandig beelden te vormen. Het enige beeld wat naar binnen kan treden is een niet-beeld. Het is de ongevormde godheid die de val van de ziel kan breken in een zodanige mate dat het onderscheid tussen subject en object, het geschapen-zijn van de dingen ophoudt te bestaan. De eenheid die ervoor in de plaats komt is van een orde die volledig buiten het voorstellingsvermogen valt.

Van buitenaf bezien ziet deze opvatting van één-zijn er wellicht uit alsof de mens zich afsluit van de wereld en daardoor in vervoering raakt. Het is gemakkelijk zo iemand voor gek te verklaren en de eenheid die deze persoon nastreeft mis te verstaan als een vijandschap ten opzichte van de wereld en alle verscheidenheid die het leven juist de moeite waard maken. Visser merkt daarover op: 'De eenvoud van Eckhart's leegte echter biedt in beginsel ruimte voor alle verschillen doordat zij elke hiërarchie ondermijnt, op die van de weidse ontvankelijkheid van deze leegte ten opzichte van elke inperkende horizon na: deze is voorwaarde voor de afwezigheid van hiërarchie. 'Aan God gelijk' betekent 'aan

108 Eckhart. *Over God wil ik zwijgen*, 359-360. Elders noemt Eckhart wederom de aanzet voor de sprong als een verlangen dat 'von Sinnen und toll macht.'(Eckhart. *Deutsche Predigten und Traktate*, 366.) De ervaring van het niets is dus wel degelijk een ervaring van iets, echter, deze kan niet naverteld worden. Vgl. Opvatting extase in 1.13.

109 Eckhart. Over God wil ik zwijgen, 351.

niemand gelijk[...].'[110] Visser pareert op deze manier een terecht kritische vraag over de aard van deze eenheid: wordt er hier niet in de valkuil van de eenvoud gelopen waar Nietzsche voor waarschuwde? De overdenking van eenheid en de idee van het Ene zijn sinds de Verlichting zeer terecht gewantrouwd, maar in dit geval wordt er ingezet op het gezegde dat men een boom herkent aan zijn vruchten. Het niets en de leegte die het sterven van de ziel aan de eigenwilligheid oplevert is een emancipatoire notie van eenheid, een gelijkheid waarin verschillen niet worden uitgewist, maar waar ze eerder naast elkaar existeren.

1.20 Inleiding Heidegger

In het tweede deel van Beweging I wordt de Mors Mystica bij Meister Eckhart betrokken op Heideggers' latere ding-essays. De beweging van het loslaten, die veelal als een vorm van ascese wordt opgevat en daardoor een negatieve nasmaak heeft wordt in wat volgt in verband gebracht met het soort reductie van het denken dat Heidegger in zijn latere werken ontwikkelt. De mens wordt als sterveling in een verband geplaatst dat het zijn uitnodigt zich te openbaren. Dat Heidegger een positievere inslag lijkt door te voeren door voornamelijk in de ontmoeting tussen mens en ding de komst van het zijn aan te kondigen lijkt op voorhand problematisch. Wat echter de nadruk moet krijgen is niet zozeer waar de twee posities verschillen, maar meer waar en hoe ze elkaars lacunes kunnen opvullen en op welke manier ze een licht laten schijnen op wat een dergelijk loslaten als denkwijze behelsd. De overkoepelende vraag van deze beweging is namelijk: kun je gelatenheid 'doen'? En zo ja, hoe ziet dat er dan uit? In Heideggers' ding-essays worden een aantal concepten geïntroduceerd die de rol van de mens als sterveling zullen verduidelijken.

In het nawoord van *Der Ursprung des Kunstwerkes,* dat later is toegevoegd en geschreven, bemerkt Heidegger in een notitie die tussen 1960 en 1976 moet zijn neergetekend het volgende over de suggestie dat beleving wellicht het element is waarin kunst sterft: 'Aber es liegt gerade alles daran, aus dem Erleben ins Da-sein zu

---

110 Visser. *Gelatenheid,* 159.

gelangen, und das sagt doch: ein ganz anderes 'Element' für das 'Werden' der Kunst zu erlangen.'[111] Het woord 'element' springt uit de zin naar voren, terwijl het dat eerder nog niet had gedaan. Eerder lag voornamelijk nadruk op het moment van sterven en de crisis van ervaring die Heidegger hier kort maar krachtig verwoord in het motto: 'Alles ist Erlebnis.'[112] Beleving en sterven; ze worden met elkaar in verband gebracht door het woord element, dat tevens hun verhoudingswijze aanduidt. Het sterven van de kunst *gebeurt* middels het element van beleving.

Het woord element komt terug in de voordracht 'Was heißt denken?'(1952) waarin Heidegger het uitlegt aan de hand van een voorbeeld: 'Was z.B. schwimmen heißt, lernen wir nie durch eine Abhandlung über das Schwimmen. Was schwimmen heißt, sagt uns der Sprung in den Strom. Wir lernen so das Element erst kennen, worin sich dat Schwimmen bewegen muß. Welches ist jedoch das Element, worin sich das Denken bewegt?'[113] De manier waarop het kunstwerk ons tegemoet kan treden, de gedaante waarin het zich aan ons mag voordoen is als een beleving onder een menigte belevenissen. Het is deze omgang met het kunstwerk als 'Gegenstand' dat ervoor zorgt dat het uiteindelijk sterft. Zonder in te gaan op de vraag hoe het komt dat de beleving kunst laat sterven is het van belang in te zien, dat Heidegger hier direct een ander element op het oog heeft voor het *'Werden'* van kunst. Hij positioneert *'Da-sein'* tegenover een houding die in het teken staat van de beleving. Het na-denkende, andere denken dat al eerder in de uitleg van Heideggers' methode werd benoemd wordt actueel waneer wordt nagegaan dat betreffende kunst zowel als denken naar het element wordt gevraagd waarin zij zich beiden *horen* te bewegen. De reductie van hun voorkomen in de natuurlijke houding is daarmee begonnen. In beide gevallen wordt er geappelleerd aan de oorspronkelijke betekenis van de woorden en in beide overdenkingen wordt er benadrukt dat de uitkomst van deze weg niet naar zekere kennis leidt.

---

111 Heidegger. 'Der Ursprung des Kunstwerkes', 66, noot b.

112 Heidegger. 'Der Ursprung des Kunstwerkes', 66.

113 Heidegger. 'Was heißt denken?' 133.

Sterker nog, de verwarring die beide teksten opleveren is eigen aan de materie, het element waarbinnen deze andere verhoudingswijze zich manifesteert: 'Der Anspruch liegt fern, das Rätsel zu lösen. Zur Aufgabe steht, das Rätsel zu sehen.'[114] In 'Was heißt denken?' begint en eindigt Heidegger met het stellen van de titelvraag, doordat hij de volgende conclusie kan trekken: 'Deshalb ist unser Denken noch nicht eigens in sein Element gelangt. Wir denken noch nicht eigentlich.'[115] Heidegger appelleert in beide gevallen aan een dimensie van denken en ervaren waarbinnen kunst en het gedachte zich op een andere, eigenlijk wijze aan ons laten zien, horen, voelen en ruiken. Er moet worden gewezen op de zintuigelijke connotaties en metaforen die bij de beschrijving van deze dimensie naar voren komen. De oorspronkelijke betekenis van de woorden voor het denken en de ervaring van kunst brengt Heidegger onder in het Duitse woord 'Vernehmen.' De oorspronkelijke, oude betekenis van de woorden geven een doorkijk naar deze enigmatische andere dimensie. Het vernemen van kunst refereert aan het Griekse woord aisthesis, dat hier wordt vertaald als een zintuigelijk vernemen in brede zin. Het denken wordt van het Griekse noein afgeleid, dat betrekking heeft op het eerder genoemde zuivere vernemen van de zijnsdimensie, van de manier waarop de dingen uit hun verborgenheid treden.[116]

1.21 De stervelingen

De eenheid die aan het loslaten van het menigvuldige en aan de sprong in het donker van het niets vooraf gaat krijgt in de dingessays een specifieke behandeling in het concept *Geviert*. Het Geviert staat voor een eenheid tussen vier 'polen': aarde, hemel, stervelingen en goddelijken.[117] Altijd wanneer er over deze eenheid ter sprake

---

114 Heidegger. 'Der Ursprung des Kunstwerkes', 66.

115 Heidegger. 'Was heißt denken?' 137.

116 Vgl. 1.4.

117 *Geviert* kan in het Nederlands met 'viertal' vertaald worden, hier zal het onvertaald blijven. Er is getwijfeld over een vertaling met 'viervoud', een woord dat verwantschap aangeeft met de *'Einfalt'* van de vier. Echter, de misvatting dat er met *'Einfalt'* naar een eenvoudige eenheid van vier onafhankelijke componenten wordt verwezen moet vermeden worden. De specifieke eenheid die het Geviert kenmerkt zal nog preciezer uitgewerkt

komt, lijkt het of Heidegger dezelfde bijna hermetische structuur nodig heeft om het te beschrijven. Zoals ook voor de godsgeboorte in de ziel geldt, blijkt het niet eenvoudig toegang te verkrijgen tot de dimensie van deze viervoud. Wanneer één van de vier wordt genoemd moeten direct de anderen daarbij in gedachten worden genomen. Het gaat, met andere woorden, om dezelfde radicale differentie tussen geschapen zijnden en het ongeschapen zijn.

Er zal met betrekking tot het loslaten en het sterven specifiek over de stervelingen uit de viervoud gesproken worden. In de voordracht 'Wohnen, Bauen, Denken' (1952) komt de structuur van het Geviert beknopt naar voren. Het gedeelte over de stervelingen luidt als volgt:

> Die Sterblichen sind die Menschen. Sie heißen die Sterblichen, weil sie sterben können. Sterben heißt, den Tod *als* Tod vermögen. Nur der Mensch stirbt und zwar fortwährend, solange er auf der Erde, unter dem Himmel, vor den Göttlichen bleibt. Nennen wir die Sterblichen, dann denken wir schon die anderen Drei mit, doch wir bedenken nicht die *Einfalt der Vier*.[118]

De mens sterft en dat sterven wordt verwoord als het vermogen van de dood als dood. Daarin ligt een overeenkomst met het vermogen van het wezen van de dingen. In de zijnsanalytica van *Sein und Zeit* kwam deze opvatting van de mens als *Dasein* een wezen dat zijn eigen dood, het weten-te-sterven als opgave voor het leven heeft, reeds voor. In de latere teksten wordt de mens een sterveling, die weliswaar dezelfde opgave heeft, maar die nu wordt opgenomen in het viertal en daardoor sterft *op* de aarde, *onder* de hemel en *voor* de goddelijken. Alleen voor diegene die deze opgave opneemt kan het verband van Geviert worden geopend. Wat betekent dat? In de beschrijving van het Geviert in *Das Ding* wordt er een korte uiteenzetting met de opvatting van mens-zijn ingevoegd om de enigmatische tekst over de dood die de mens vermag kracht bij te

---

worden door deze te verbinden met een concept van relatie uit de scholastiek, de subsistentie relatie in 1.27.

118 Heidegger. 'Bauen, Wohnen, Denken', 144. Tussen de totstandkoming van de voordracht 'Was heißt Denken?'(mei 1952) en deze voordracht (5 augustus 1951) verstrijkt nauwelijks een jaar.

zetten: 'Auch wenn die ratio die animalitas durchwaltet, bleibt das Menschsein vom Leben und Erleben her bestimmt.'[119] De mens wordt in zijn mens-zijn bepaalt bij de opgave werkelijk te leven en *be*leven. Het is niet de ratio die het hoogste deel, het wezen van de ziel (*anima*) uitmaakt, zo betoogt Heidegger hier: 'Die vernünftigen Lebewesen müssen erst zu Sterblichen *werden*.'[120] De mens heeft zijn sterfelijkheid, het perspectief en de kadrering waarbinnen het leven en elke beleving plaatsvindt, tot eerste wezenskenmerk en niet zijn vermogen tot voorstellend denken. Waarin de mens als sterveling verschilt van de door ratio bepaalde mens wordt duidelijk in het vernemen en daardoor het proeven van de leegte dat in de mystieke dood van de ziel plaatsheeft.

Wanneer het mystieke sterven wordt opgevoerd in Eckharts' preken gaat het er precies erom deze opgave op te nemen door het einde, het niets van de dood in ogenschouw te nemen. Over het niets komt ook Heidegger vervolgens te spreken: 'Der Tod ist der Schrein des Nichts, dessen nämlich, was in aller Hinsicht niemals etwas bloß Seiendes ist, was aber gleichwohl west, sogar als das Geheimnis des Sein selbst. Der Tod birgt als Schrein des Nichts das Wesende des Seins in sich. Der Tod ist als der Schrein des Nichts das Gebirg des Seins.'[121] De dood is een gesteente waarin het niets geschrijnd is. Dat wil zeggen, het wordt daar gekoesterd en ligt daar geborgen. Wat herbergt de dood als dit niets? Het geheim van het zijn, dat niet als een gewoon zijnde kan en mag worden opgevat. Alleen wanneer de mens deze dood, die ook zijn dood en leven betekent, op zich neemt krijgt hij toegang tot het gesteente waar het geheim van het zijn zich ophoudt. Dan blijkt ook dat de stervelingen 'das wesende Verhältnis zum Sein als Sein' zijn.[122] De mens als sterveling is ontvankelijk geworden voor het niets dat ook in de Mors Mystica uiteindelijk naar het licht; het zijn van de zijnden leidt. Het gaat er dan om niet in alles buiten te zijn, maar de dood als het sterven aan het zelf, op zich te nemen. Een reductie vindt plaats die zo radicaal is, dat het gaat lijken op destructie. In de paragraaf waar de sprong wordt

---

119 Heidegger. 'Das Ding', 171.

120 Heidegger. 'Das Ding', 171.

121 Heidegger. 'Das Ding', 171.

122 Heidegger. 'Das Ding', 171.

besproken komt meer naar voren hoe de mens het sterven op zich zal nemen. Het is in ieder geval Heidegger die een bijzondere invulling geeft aan dit mens-zijn wanneer hij het onder de noemer stervelingen in het verband van het Geviert plaatst. Heidegger heeft het namelijk expliciet over stervelingen en niet over één sterveling. Als stervelingen, als stervenden aan zichzelf, zijn mensen opgenomen in een ander verband; de zijnsverhouding van het Geviert.

1.22 De sprong

Wanneer voor een moment wordt teruggegrepen op de water-metafoor is het opvallend dat het vernemen opgevat als de handeling van het zwemmen alleen werkelijk kan worden door 'der Sprung in den Strom'. Voorafgaand aan het zwemmen moet een sprong worden gewaagd die het mogelijk maakt het water als element te ontmoeten. Wat is binnen deze analogie het water? En hoe kan deze sprong in het denken en de ervaring van kunst worden gemaakt? Het water is het zijn van de zijnden het 'Anwesen des Anwesenden, Präsenz des Präsenten.' [123] Het meest denkenswaardige is het zijn zelf, dat een vraag is waarvan het antwoord 'ein Sprung ins Dunkle' is.[124] Het antwoord op de vraag naar het zijn is een sprong in *het donker*. De duisternis waar de ziel zich aan overgeeft als voorbereiding op de godsgeboorte in de ziel resoneert met een sprong in een donker wateroppervlak en de gewenning van de ogen wanneer een donkere kamer wordt betreden. De metafoor van het sterven, waarin de eigenwilligheid wordt afgelegd verlegt de grens van de fenomenologische reductie: niet alleen moet de mens in relatie tot de wereld zich bewust worden van zijn altijd-al-betrokken-zijn op de dingen, de mens dient de intentionele gerichtheid op de dingen zodanig in te trekken dat deze naar binnen keert. Het is niet genoeg om het denken op begrip te brengen als een intentionele daad; het denken moet daadwerkelijk gaan na-denken en zich zo *laten* onderdompelen in het gebeuren van het zijn.

---

123 Heidegger. 'Was heißt denken?' 135.

124 Heidegger. 'Was heißt denken?' 135.

Naar aanleiding van deze opvatting kan er met Visser beargumenteert worden dat het vernemen van zowel het denken als de ervaring van een kunstwerk een soort *proeven* is.[125] Het zijn vraagt deze radicale vorm van denken en ervaren. Het is nodig te sterven aan de intentionele gerichtheid om het langzame sterven van de beleving een halt toe te roepen.[126] Het zijn is het water, dat alleen ervaren kan worden in zijn alomvattendheid, als een geheel dat het denken altijd-al roept, maar dat nog niet ervaren wordt wanneer de mens aan de kant blijft staan.

Daarom is voor Heidegger een ontmoeting met de dingen in de wereld cruciaal: Het zijn van de zijnden wordt specifiek verbonden aan hetgeen aanwezig is, aan dat wat zich aandient. Daarmee lijkt het of de radicaliteit van het sterven in combinatie met Eckharts' ontlediging van de ziel wellicht niet de beste metafoor is om de specifieke opvatting van Heidegger betreffende gelatenheid te beschrijven. Zo lijkt bijvoorbeeld de ontlediging van alle beelden en indrukken van buitenaf bij Eckhart niet overeen te komen met de voorbereiding die Heidegger op het oog heeft met betrekking tot de komst van het zijn. Het vernemen wordt in zijn geval direct verbonden aan een zeker voorstellend vermogen. 'Dieses vornehmende Vernehmen ist ein Vor-stellen in dem einfachen, weiten und zugleich wesentlichen Sinne, daß wir Anwesendes vor uns stehen- und liegenlassen, wie es liegt und steht.'[127] Dat brengt een connotatie met verschijning naar voren die wederom het gevaar

125 Vgl. Visser. *Gelatenheid,* 108. Hier beschrijft Visser een gemoedsbeweging van de godsgeboorte in de ziel als een gebeurtenis op het niveau van het zijn, dat de ziel de volgende dynamiek toekent: '[...] het proeven van de dynamiek van toewending en afwending, van verwijding en vernauwing van de ziel, van omvangen worden en intenderen, van gelatenheid en eigenwilligheid.' In beweging II wordt uitgeweid over het vernemen als 'vernünftichelt' bij Eckhart en over de tactiele connotaties van aanraking en het proeven dat dit vermogen van de ziel kenmerkt. Dat wil het volgende zeggen; de grond van de ziel, het wezen van de mens is niet de ratio, maar een vernemend, ontvankelijk vermogen bewogen te worden door het zijn wat de mens tegemoet treedt in zijn ontmoeting met de dingen.

126 Vgl. 'Das sterben geht so langsam vor sich, daß es einige Jahrhunderte braucht.' In: Heidegger. 'Der Ursprung des Kunstwerkes', 66.

127 Heidegger. 'Was heißt denken?' 134. Cursivering toegevoegd.

van de metafysica oplevert waarbinnen aan het zijn metafysische predicaten als waarheid, werkelijkheid worden opgeplakt om het vervolgens als een onbewegelijk beeld achter de zintuigelijke ervaring van de wereld weer te geven. Het voorstellen als vernemen, echter wordt hier verbonden aan een dynamische beweging waarbinnen het wezen van het aanwezige zich kan manifesteren zoals het aanweest. Maar wat proeft de mens hier, wat wordt hier voor-gesteld door het te laten? Wat denken en kunst wezenlijk voorstellen is iets wat niet vrijelijk toegankelijk is: het is fundamenteel verborgen in zijn omvattende aanwezigheid. Het zijn dat tegemoet treedt in het sterven van de mens gelijkt in eerste opzicht een niets, een donkerte en dit niets heeft een echo in de leegte die uit de dingen naar voren treedt wanneer we deze vanuit een laten tegemoet treden. Het aanwezig zijn van de dingen lijkt in dit geval een statisch gegeven, iets wat niets is. Hun zijn lijkt niet aanwezig, omdat het verborgen blijft achter hun gesteld-zijn, achter dat wat kwantificeerbaar en differentieerbaar aan hen is. Het laten van het vernemende vermogen dat zowel kunst als het na-denkende denken kenmerkt betekent in eerste instantie het toelaten van de mogelijkheid dat deze ontmoeting met de dingen wellicht inderdaad 'niets' oplevert. 'Sein heißt anwesen (Anwesenheit)' en 'Anwesen ereignet sich nur, wo bereits Unverborgenheit waltet.' [128] En of onverborgenheid, de fundamentele openheid voor het zijn dat de mens in zijn vernemend vermogen inzet uiteindelijk het zijn tot gebeuren brengt blijft de vraag. Het denken en schrijven over een dergelijk onderwerp is dan ook risicovol. Het kan immers altijd mislukken, omdat het open blijft staan voor iets wat wellicht niet zal gebeuren ín de tekst. In het geval van Heidegger moet er in 'Was heißt Denken?' aan het einde geconcludeerd worden dat het denken nog steeds zijn element, zijn wezen, niet heeft gevonden. Maar levert een dergelijk risico dan niets op? In de vraag zit al een knipoog vervat. Het niets verbergt iets wat alleen door de sprong te wagen naar voren kan treden. De vrije val die tussentijds in het schrijven en denken zijn gemaakt lijkt op een beweging waarin het niets wordt ontvangen. Het denken als ontvankelijkheid voor het zijnsgebeuren

[128] Heidegger. 'Was heißt denken?' 136.

lijkt op een bereidheid te sterven, een ontvankelijkheid voor het niets, die wellicht tot een proeven van het zijn leidt.

1.23 Het offer

Afgezien van de sprong is de meest opvallende concept waar het sterven bij aansluit het 'offer'. In 1929 houdt Heidegger zijn inaugurele rede 'Was ist Metaphysik?' ter gelegenheid van de overname van de leerstoel van Husserl aan de Universiteit van Freiburg. Deze voordracht treedt in gesprek met het wijsgerige concept van het niets.[129] Vijftien jaar erna schrijft Heidegger in 1943 een nawoord, waarin hij de vraag over metafysica opnieuw opneemt in het licht van kritieken en dat wat hij als '*Irrmeinungen*' ten opzichte van de voordracht beschouwt.[130] Het meest opvallende is dat in een verdediging van zijn eerdere voordracht een specifiek kenmerk ter voorbereiding van het andere denken naar voren komt. In de context van een negatieve benadering van de zijnsvraag waarin het zijn als het niets, het radicaal andere ten opzichte van de zijnden wordt uitgediept, komt vanuit de *ervaring* van het zijn als het Andere in de gestemdheid van de angst een bereidheid naar voren die zich doorzet in een wezenlijk, *gelaten* denken van het Zijn.[131] Dit zijnsdenken antwoordt de stille, geluidloze stem (het Zijn) door zich erdoor te laten aanspreken en vervolgens de eigen woorden als offer, als gave aan te bieden. Dit is het sprakeloze antwoord op de 'Zuspruch' van het niets. Het wezen van de mens wordt geraakt door een nood (*Brauch, Not*) waarbinnen het zich niet gedwongen voelt deze te beantwoorden, maar zich eerder bepaald weet bij een zelf-gave als antwoord. Dit offeren van de mens wordt vervolgens een danken genoemd, dat in volledige vrijheid wordt vervuld. In de ervaring van de angst wordt de mens door het wonder aller wonderen in beslag genomen: 'd a ß Seiendes i s t.'[132] Het doet denken aan Vissers' interpretatie van het lege gemoed bij Eckhart als een mogelijkheid de intentionele gerichtheid van het gemoed anders gestemd te laten worden door een loslaten van de

---

129 Richardson. *Heidegger*, 194, 473-476.

130 Heidegger, 'Nachwort zu: 'Was ist Metaphysik?', 305.

131 Vgl. Heidegger, 'Nachwort zu: 'Was ist Metaphysik?', 309, noot a.

132 Heidegger, 'Nachwort zu: 'Was ist Metaphysik?', 307.

zijnden. Heideggers' behandeling van het offer lijkt meer dan een denkwijze een levenshouding te behelzen.

Dat wordt bevestigd wanneer vervolgens het wezenlijke, na-denkende denken in verband met dit offer van de mens ter sprake komt. Dat gezegd hebbende, is het van belang op te merken dat Heidegger hier uitdrukkelijk over de mens als 'geschichtlichen Menschentum' spreekt.[133] Over de verhouding tussen het denken en de mensheid merkt Heidegger het volgende op: 'Dies Denken ist aufmerksam auf die Wahrheit des Seins und hilft so dem Sein der Wahrheit, daß es im geschichtlichen Menschentums seine Stätte findet.'[134] De nadruk zal in dit geval niet op de wijsgerige concepten waarheid en geschiedenis en hun controversieële begripsgeschiedenis komen te liggen. Meer van belang zijn de woorden *Hilfe* en *Stätte*.[135]

De bereidheid tot de wezenlijke angst voor de afgrond van het zijn als mogelijkheid voor de ervaring van het zijn als het Andere betekent de overgang van het denken als beheersend berekenend naar een gelaten, namelijk dankbare overgave aan de geheimzinnige, zich-onttrekkende aantrekkingskracht van het zijn. Het denken is nu een transcendent denken in zoverre het bereid is de geheimzinnige roep van het zijn te beantwoorden. Het antwoord treedt uit de offerbereidheid van de mens naar voren als een gebeuren waar een denken als *danken* aan deelneemt. 'Im Opfer ereignet sich der verborgene Dank, der einzig die Huld würdigt, als welche das Sein sich dem Wesen des Menschen im Denken übereignet hat, damit dieser in dem Bezug zum Sein die Wächterschaft des Seins übernehme.' In het wezenlijke denken dat

---

133 Heidegger, 'Nachwort zu: 'Was ist Metaphysik?', 311. Vgl. Richardson. *Heidegger*, 464-465. De ontwikkeling van deze notie van mensheid is tekenend voor de periode waarin het nawoord tot stand is gekomen. In de periode tussen het gestemde gemoed van het Dasein in SuZ en het latere concept van de mens als de sterfelijken ontwikkelt Heidegger in samenspraak met zijn denken rondom het begrip waarheid de mens als een historisch mens-zijn. Het reikt tot buiten de kaders van het huidige onderzoek om daar uitgebreider op in te steken.

134 Heidegger, 'Nachwort zu: 'Was ist Metaphysik?', 311.

135 Met betrekking tot Heideggers opvatting van het ding in 'Wohnen, Bauen, Denken' zal dit laatste concept verder worden uitgewerkt in 1.42.

door het offer wordt voorbereid wordt de gunst van het zijn, dat bestaat uit het gebeuren van het zijn in de woorden van het wezenlijke denken, ontvangen als *dank*. Vanuit deze sprong in het donkere water van het zijn komt het zijn de mens als gave, en zelfs genadig tegemoet. Precies zoals de ziel zich overgeeft aan het niets van de godheid, wordt ook de val van de offerende mens gebroken door de gave van het zijn in een oorspronkelijk denken.

De vraag is alleen: Wat houdt dit offer in? (Hoe) is het te bewerkstelligen? In dat opzicht blijkt de negatieve benadering van de zijnsvraag wonderlijk aan te sluiten bij de opvatting van het mystieke sterven bij Meister Eckhart. Heidegger lijkt zelfs specifiek aan Eckhart te refereren wanneer hij het offer als een afscheid van de zijnden kenmerkt: 'Das Opfer ist der *Abschied* vom Seienden *auf dem Gang* zur Wahrung der Gunst des Seins.'[136] Dat vermoeden wordt kracht bijgezet doordat Heidegger de bereidheid tot het afscheid van de zijnden als een 'Adel der Armut' kenmerkt.[137] Het offer is in tegenstelling tot een gewoon handelen, eerder de levenshouding waar 'das Werken und Leisten im Seienden' voorbereidend aan bij kunnen dragen.[138] Deze houding is het In-sein, dat in SuZ naar het in-de-wereld-zijn verwijst en wat hier wordt gekenmerkt als: 'der Gleichmut, der sich die verborgene Bereitschaft für das abschiedliche Wesen jedes Opfers nicht anfechten läßt.'[139] Daardoor krijgt het een relatie met de in-een-trekkende beweging van het lege gemoed bij Eckhart. Afgescheidenheid bij Eckhart wordt door Heidegger verbonden met de offerbereidheid van stervelingen. Het vermogen tot het offer ligt altijd-al verborgen in de manier waarop de mens zich in de wereld ophoudt: als sterveling. Met een gelijkgestemd gemoed (*Gleichmut*), dat de bereidheid tot het offer in een afgescheiden-zijn van de dingen inhoudt, wordt de mens

---

136 Heidegger, 'Nachwort zu: 'Was ist Metaphysik?', 310. Cursivering toegevoegd.

137 Heidegger, 'Nachwort zu: 'Was ist Metaphysik?', 310. De preek *Beati Pauperus* van Eckhart gaat in zijn geheel over deze adel, of edele armoede van de afgescheiden ziel.

138 Heidegger, 'Nachwort zu: 'Was ist Metaphysik?', 310.

139 Heidegger, 'Nachwort zu: 'Was ist Metaphysik?', 311. Vgl. *Inständigkeit* p. 310-311.

ontvankelijk voor de lokroep van het zijn. Dat is wat edel is aan een afgescheiden ziel bij Eckhart en wat er adelijk is aan de sterveling bij Heidegger.

Vanuit de mens bezien is het wellicht moeilijk in te zien waar het zijn zich in de zijnden ophoudt en waarom men een dergelijk offer zou willen brengen. Voordat er in Beweging II wordt ingegaan op het Geviert en zijn verhoudingwijze met het ding kan het wel behulpzaam zijn het offer vanuit deze optiek opnieuw in ogenschouw te nemen. In 'Das Ding' komt het kort ter sprake wanneer het Geviert wordt uitgewerkt met betrekking tot het voorbeeld van een kruik. Daar wordt over de aard van het gieten van de kruik gesproken in verband met de goddelijken en sterfelijken. Bij de sterfelijken wordt het geschenk van het gieten opgevangen in een drinken (Tronk) dat de dorst lest en verkwikt. Voor de goddelijken echter betekent het gieten een dronk (Trank) die het wezenlijke zijn van het gieten als geschenk weergeeft: 'Im Schenken des geweihten Trank west der gießende Krug als das schenkende Geschenk. Der geweihte Trank ist das, was das Wort 'Guß' eigentlich nennt: Spende und Opfer.'[140] Net zoals in 'Wohnen, Bauen, Denken' blijkt dat datgene wat de alledaagse handeling van het schenken bepaalt geenszins in het 'bloßen Ein- und Ausschenken' besloten ligt. Het wezen van de kruik geeft daar al een voorbode van, wanneer het wordt opgevat als een vat, als iets wat iets bevat (Gefäß). Wat een kruik wezenlijk is wordt pas duidelijk wanneer deze gevuld wordt. In het vullen blijkt vervolgens, dat het de leegte in de kruik is, die de kruik tot kruik maakt: 'Die Leere is das Fassende des Gefäßes. Die Leere, dieses Nichts am Krug, ist das, was der Krug als das fassende Gefäß ist.'[141] Het niets is datgene wat het vattende aan het vat dat de kruik is uitmaakt. De leegte, het niets in de kruik, maakt de kruik tot dat wat het is. Echter, is dit niets werkelijk niets? Geenszins. 'Wenn wir den Krug vollgießen, fließt der Guß beim Füllen in den leeren Krug.'[142] Het schenken van het water of de wijn uit een kruik is verbonden met het schenkende element (Spende) van een offergave. De gewijde

140 Heidegger, 'Das Ding', 165.

141 Heidegger. 'Das Ding', 161.

142 Heidegger. 'Das Ding', 161.

drank is een offergave aan de goden die, wanneer deze gespild of geplengd wordt, een teruggave van het geschenk van de te schenken drank betekent. Wat met betrekking tot het concept van het offer echter opvalt is, dat het de wezenlijke betekenis van het gieten als gebeurtenis inhoudt. Het uitgieten van de drank in dankbaarheid is een handeling die vanuít het offeren gebeurt. De leegte, die initieel slechts een niets lijkt in de ogen van een berekenend denken blijkt het gebeuren van het gieten te verbergen. In de leegte van de kruik verzamelt zich het Geviert als het schenkende gieten. Het is een geschenk dat Heidegger in het nawoord als een enigmatisch gegeven en een wonder opvat: Het (zijnde) is. De ervaring van het schenken is geen niets, het is geen gewone handeling. Er kan door het schenken van de stervelingen deel worden genomen aan de voorbereiding op de komst van het zijn.

MORS MYSTICA

1.24 08.09.2012 – 21.10.2012 – Giorgia Andreotta Calò & Emanuele Wiltsch Barberio

Of ik mijn schoenen bij de ingang achter wil laten. Schoorvoetend doe ik wat er van me gevraagd word en betreed ik een donkere ruimte. Ik ben vaker in deze expositiezalen geweest. Ik heb al ervaren hoeveel er zijn, hoe groot ze zijn. De vervreemdende ervaring die deze tentoonstelling oproept is dan ook een complete verrassing. Er zijn vijf zalen waar je in een u-vorm doorheen kunt lopen om uiteindelijk weer in dezelfde hal waar de schoenen staan terug te komen. In elke zaal zijn de gigantische ramen van het gebouw totaal verduisterd op een klein rond gat na. Ik sta een tijd stil zodat mijn ogen kunnen wennen aan de duisternis, waarna ik me onzeker voortbeweeg in de stilte. Die komt als een muur op me af. Het is alsof ik word opgezogen in een ander ritme, een geïsoleerde, geïnverteerde ervaring waarin ik allereerst opnieuw moet leren ademen, kijken en bewegen. De grond lijkt zacht en verderop in de zaal zit een man tegen de muur geleund schuin onder de kleine lichtschacht. Hij kijkt naar de muur tegenover hem. Ik draai me richting zijn blikveld en zie bewegende bladeren boven een wolkenhemel. Er*boven*? Een omgekeerde wereld. De wolken dansen langzaam van links naar rechts, terwijl de vijfpuntige bladen van de platanen erboven zacht nadeinen op de wind die de wolken aandrijft. Wanneer ik verder schuifel naar de aangrenzende ruimtes lijkt de druk te worden opgevoerd. Ineens merk ik dat de stilte geen stilte is, maar dat er een soort soundscape klinkt die zich met lage bastonen door mij heen weeft. Het geluid zorgt ervoor dat ik steeds minder goed kan nadenken. Ik kan me niets anders voorstellen dan de toenemende duisternis waarin ik ben. Er is niets buiten dit cocon. De laatste ruimte is volledig verduisterd op een gat in het plafond na. Ik weet hoe hoog het hier is. Het is een gigantische zaal in vergelijking met de drie eerste zalen. Het niets heeft in deze ruimte alles om zich heen opgeslokt en de drone is oorverdovend. Ik sluit mijzelf van binnen af. Ik keer in. Het lijkt alsof in deze laatste zaal het laatste beetje eigenheid, verwondering en bewustzijn van plaats en tijd dat ik in de eerste vier zalen nog bezat moet worden afgelegd. Ik kan me er alleen aan overgeven. Een moment later sta ik weer in de toegangshal en probeer ik, terwijl ik mijn schoenen weer aantrek, terug te halen wat ik zojuist heb meegemaakt.

Maker Giorgia Andreotta Calò (1979) heeft in samenwerking met geluidskunstenaar Emanuele Wiltsch Barberio een ervaring mogelijk gemaakt die afwisselend als 'site-specific installation', 'audiovisual installation' of gewoon als installatie wordt gekenmerkt. De tentoonstelling draagt de naam van de periode waarin ze te bezoeken is en de openingstijden zijn aangepast aan zonsopgang en zonsondergang, aan 'the natural appearance and disappearance of light' De soundscape, van de hand van Barberio, is opgenomen in de klokkentoren van het voormalige anatomische laboratorium waar het Smart Project Space in huist. Deze referentie wordt op verschillende manieren geïnterpreteerd. Één van die interpretaties bestaat eruit de ervaring van de camera obscura's aan te wenden om op het verschil tussen de ervaring van tijd vóór de uitvinding van de klok, toen de mens met de zonnewende en volgens de seizoenen leefde, en de ervaring van een levensritme gereguleert door de lineaire ervaring van (klok)tijd te wijzen. Daarnaast wordt ook de gelijkenis met cinematografische middelen, fotografie en daardoor de relatie met waarneming, met representatie gelegd.

Het meest in het oog springend echter is de manier waarop de recensenten refereren aan de connectie tussen de metaforen van licht en donker, geboorte en dood, tijdelijkheid en eeuwigheid. De installatie roept eerdere ervaringen op van een wandeling door de duisternis van een Schots bos waar een brug opdoemt als '[...] a whitish object hovering in a *dimension* of its own.'[143] Het is de bedoeling van de makers de toeschouwer fysiek en metaforisch een *dimensie* van ' changing and evolving [of] time' te laten betreden.[144] Een Nederlandse recensent concludeert zelfs: 'Je beleeft de geboorte van de blik.'[145] Allemaal lijken ze het er echter over eens dat, afgezien van de connecties met concepten als tijd, tijdelijkheid, vanitas, cinema, representatie, fotografie er in deze installatie iets

---

143 25 mei 2013. 'http://www.artslant.com/ams/articles/show/32241' Cursivering toegevoegd.

144 6 juni 2013. 'http://www.wilfriedlentz.com/#/Artists/Giorgio_Andreotta_Cal_'

145 25 mei 2013. 'http://metropolism.com/reviews/de-ideale-zondagmiddagervaring/'

anders aan de hand is. Op deze andere dimensie wil ik de aandacht richten.

Het lijkt bij de ervaring van *08.09.2012 – 21.10.2012* om een zekere verplaatsing te gaan. Deze verplaatsing is gemakkelijk mis te verstaan wanneer zij in woorden als 'bewustzijnsvernauwing' of andere metaforen met betrekking tot het bewustzijn, het denken of het zien wordt uitgedrukt. Het is niet gemakkelijk om de valkuilen die daarin verborgen liggen te omzeilen. Het is echter wel mogelijk de aandacht te richten op een andere metafoor die meer adequaat is voor een beschrijving van de verplaatsing of de beweging die een toeschouwer doormaakt. Geboorte en dood. De toeschouwer sterft in vijf stadia en wordt opnieuw geboren wanneer zij weer de schoenen aantrekt. Wat is het aan de mens dat hier sterft en opnieuw geboren wordt? Gaat het hier inderdaad enkel om het lichaam en een 'metaforisch' gevoel van zelf?

BEWEGING II OVER*LATEN*

1.25 Inleiding overlaten

Het overlaten dat naast het loslaten als structuurmoment in gelatenheid besloten ligt is de andere kant van de munt van de godsgeboorte in de ziel. Het is het positieve evenbeeld van de negatieve connotaties die aan het loslaten verbonden waren. Het opgeven van de eigenwilligheid heeft tot resultaat dat er plaats komt voor de godheid in de ziel. De voluntaristische opvatting van het overlaten als een overgave aan de wil van God zou te simplistisch zijn om haar werkzaamheid van betekenis te voorzien.[146] Het gaat in deze fase niet zozeer om hoe overlaten er vanbuiten uitziet. Na het sterven komt de geboorte.

De overdenking van de godsgeboorte in de ziel behoeft niet alleen een uitweiding wat betreft de opvattingen rondom het gemoed en het daarmee verbonden concept van de ziel. Het is voor de relatie tussen de ervaring van performance, Heideggers' opvatting van zijn en Eckharts' Godgeboorte in de ziel van belang Eckharts' Godsbegrip nader uit te leggen. Het meest opvallende aan zijn opvatting van God is dat deze zich ontwikkelt door de tijd heen. Uiteindelijk blijft er een beeld van God als godheid over dat een licht werpt op het structuurmoment van *geboorte* dat deel uitmaakt van het zijnsgebeuren als overlaten. Wat moeten we onder deze concepten van godheid, geboorte en gebeurtenis verstaan?

Eckhart treedt met zijn opvattingen omtrent de godsgeboorte in de ziel in gesprek met een ontotheologische grondvraag van de scholastiek. Deze grondhouding komt tot uiting in Thomas van Aquino's these *esse est deus.* Ontotheologie heeft hier nog niet de

---

146 Vgl. Gelassenheit, 35-36 en Visser. *Gelatenheid,* 210-212. Dit is één van de zeven plaatsen waar Meister Eckhart expliciet door Heidegger wordt genoemd. In dit geval betreft het een kritisch uitlating over dat waar het in deze beweging over gaat: De mogelijkheid de versmelting tussen de ziel en de godheid buiten het bereik van een God die zijn wil oplegt aan de mens te denken. 'G: Und dies vor allem dadurch, daß auch die Gelassenheit noch innerhalb des Willenbereiches gedacht werden kann, wie dies bei älteren Meistern des Denkens, z.B. dem Meister Eckhart geschieht. L: Von dem gleichwohl viel Gutes zu lernen ist.' In *Gelatenheid* merkt Visser daarover op, dat het hier wel om de *mogelijkheid* gaat gelatenheid vanuit de wil te denken. Waarschijnlijk krijgt Meister Eckhart toch het voordeel van de twijfel.

negatieve connotaties die Heidegger er later aan zal verbinden: het probleem van de metafysica heeft voor Heidegger fundamenteel met de erfenis van deze grondvraag te maken. De samentrekking van ontologie en theologie brengt echter wel direct de reden in zicht voor deze uitgebreide behandeling van de Godsleer van Eckhart. De zijnswijze van God ín de godsgeboorte is cruciaal voor een begrip van de onconventionele ontologische opvattingen die in Meister Eckharts denken te ontwaren zijn. Ze vormen, zo zal hier betoogd worden, ook de kern van de aantrekkingskracht die zowel de stijl en het woordgebruik als ook de filosofische ideeën van Eckhart voor Heideggers' ontwikkeling hebben betekend. Zo zal blijken dat de metafoor van geboorte precies laat zien welke opvatting Eckhart over de godheid koestert. Uiteindelijk zal worden aangewezen op welke wijze de aard van deze geboorte overeenstemt met een specifiek idee van *eenheid,* dat zo revolutionair is dat het overslaat van een transcendent domein (de leer van de Triniteit) naar onze leefwereld. De vraag is hoe deze eenheid zich verhoudt tot de kloof tussen zijn en zijnden, tussen het geschapene en het ongeschapene.

Er wordt in termen van ervaring gesproken, maar de aard ervan behoeft uitleg. Hij is namelijk relationeel. Dat wil zeggen, het is geen horen, zien of ruiken wat strikt aan één mens toebehoort. Het gaat hier eerder om een gedeeld ervaren dat alleen in relatie tot iets anders kan plaatsvinden. Wanneer er over een transcendent denken, een Ereignis-denken wordt gesproken gaat het over een vorm van ervaren die werkzaam wordt vanuit een bepaalde vorm van éénheid, een bepaald zijnsverband. Deze eenheid heet bij Eckhart de godsgeboorte van de ziel en bij Heidegger het Geviert.

1.26 Duplex esse rerum

Eckharts' Godsbeeld is de sleutel tot de unieke aantrekkingskracht van zijn werken. In het evenement van de godsgeboorte in de ziel krijgt de godheid in de beweging van het overlaten vrij spel. De ervaring en werkzaamheid die in de zijnswijze van God als godheid verborgen ligt zullen in deze paragraaf op begrip worden gebracht ten einde de unieke werkzaamheid van het ding bij Heidegger van een achtergrond te voorzien.

Er kunnen veel tegenstrijdigheden over het zijn van God worden gevonden in de uitspraken van Eckhart. In deze schijnbare contradicties zit de kern van een uniek perspectief op de werkzaamheid van de godsgeboorte in de ziel vervat. Visser merkt in dit verband op dat de tegenstrijdigheden kunnen worden verhelderd wanneer de bril van het *duplex esse rerum* wordt opgezet. Elk *ding*, elk *geschapene*, elk *zijnde* heeft twee zijnswijzen en daarmee samenhangend, twee manieren waarop het zijn van een ding kan worden *ervaren*. Een ding kan worden ervaren '[...] in het zijn zoals het zich van nature aan ons manifesteert en in een eigenlijk zijn, dat dit natuurlijke overstijgt.'[147] Deze uitspraak roept de ontologische differentie zoals die bij Heidegger wordt aangetroffen in herinnering. Echter, de verwarring vangt aan wanneer hetzelfde onderscheid tot in de zijnswijzen en daarmee de ervaring van God wordt doorgetrokken. Sterker nog, de tweevoudige mogelijkheid dingen te ervaren komt rechtstreeks bij deze tweevoudige ervaring Gods vandaan: 'In wezen heeft het geschapene niets van zichzelf, dankt het al wat het is aan dit hogere zijn.'[148] De eerder genoemde valkuil van ontotheologische veronachtzaming van de leefwereld klinkt duidelijk in deze opvatting van de dingen bij Eckhart door.

De uitspraak kan echter worden verhelderd wanneer de tweevoudige ervaring van God wordt uitgewerkt. Er is een beeld van God als eerste oorzaak van alle zijnden, een schepper die zijn schepselen intendeert en er is een beeld van God als godheid, die ongeschapen is, het zijn zelf, en die daardoor eerder als oor-sprong dan als oor-zaak moet worden opgevat. De tweeledigheid van deze ervaring van God verheldert waardoor Eckhart zichzelf tegen lijkt te spreken: 'In overeenstemming daarmee kan ook het zijn Gods op twee manieren worden ervaren, enerzijds in vergelijking met het natuurlijke zijn van het geschapene, als een niets, anderzijds, in zoverre het de grond is van al het geschapene, als het zuivere, alles overstijgende.' [149] Afhankelijk van welke zijnservaring er als uitgangspunt wordt genomen verandert God in het zijn zelf of in een niets. In samenspraak met deze ervaring van God echter

147 Visser. *Gelatenheid*, 84. Analoog met deze opvatting van de dingen heeft ook de ziel, zoals in Beweging I besproken, een geschapen staat waarin de krachten van de ziel haar zijn uitmaken en een ongeschapen staat van zijn.

148 Visser. *Gelatenheid*, 84.

149 Visser. *Gelatenheid*, 84.

veranderen ook de dingen in een niets of in iets goddelijks.[150] De ervaring van de dingen en van God als een niets markeert de overgang van een dimensie waarin de zijnden en God als schepper binnen een berekenend, eigenwillig kader worden verplaatst naar een dimensie van zijn waarbinnen God als godheid en de dingen als goddelijk kunnen worden ervaren. Zoals in Beweging I tijdens de bespreking van de ervaring van het niets al werd aangestipt wordt nu duidelijk *waar* het sterven van de ziel werkzaam is: Het loslaten van de intentionele betrokkenheid zorgt voor een *over*gang naar de ervaring van een oorspronkelijk zijn dat gebeurend in de ziel plaatsvindt.

Deze ervaring van de oorsprong is de andere kant van de ervaring van het niets en kan het beste in verband met de geboorte van de godheid verder worden uitgewerkt. In het commentaar van Nicolas Largier op *Prologus Generalis,* een van de Latijnse geschriften van Eckhart, wordt een overzicht gegeven van de ontwikkeling van Eckharts' Godsbegrip die de tegenstrijdigheden in het godsbeeld en daardoor de ervaring van overlaten in drie fasen belicht.

In de eerste, vroege fase, waarin onder andere *Rede der Unterscheidungen* wordt geschreven, wordt God gelijkgesteld met het zijn. Dit is het perspectief op de godsgeboorte *enkel* bezien vanuit God. Voordat God plaats kan nemen in de tempel van de ziel, moet deze tempel niet alleen ontruimd worden, maar moet deze zelfs tot niets worden. Hij moet van elke vorm van geschapen-zijn worden ontdaan en volledig worden afgebroken, omdat God niet simpelweg een zijnde is dat naar believen in de ziel kan worden geplaatst. God is het zijn *zelf* en zal als zodanig alleen in de ziel kunnen plaatsnemen wanneer deze zichzelf volledig van haar geschapen-zijn ontdoet.

In de tweede fase wordt deze verhouding geheel omgedraaid. Hier wordt het zijn van God gelijkgesteld met het zuivere intellect, de *intellectus purus* zodat nu het negatieve moment met de ziel van plaats verwisselt. God is niet eenvoudigweg, maar God komt tot bestaan wanneer hij gekend en daarmee gegrond wordt door de ziel.

---

150 In 1.38 wordt aandacht besteedt aan Eckharts' opvatting van dingen als goddelijke zijnden.

Gods zijnswijze is dan, bezien vanuit de ziel, in wezen van zichzelf niets.

In de derde en laatste fase bestaan de bovengenoemde uitersten naast elkaar. God wordt afwisselend opgevat als zijn of als niets. Het is precies deze afwisseling van tegenstrijdige perspectieven die tot het emancipatoire concept van een versmeltende eenheid tussen de ziel en god in het denken van Eckhart leidt: 'Diese Lösung übernimmt den Gedanken des Nichts unter der Intellektualität [...], faßt ihn aber unter einer Einheitsperspektive, die dem Einen der Intellektualität und das Sein integriert, um das Eine – mit Dionysius Areopagita – als Fülle (plenitudo) zu denken, die alles enthält und als Einheit von Denken, Sein und Leben zu begreifen ist.'[151] In de laatste fase ontstaat een idee van eenheid die zowel het pure intellect als ook het zijn van God samen doet smelten. Dat is bijzonder, omdat daar de volgende mogelijkheid uit spreekt: Eckhart stelt voor dat het *duplex esse* en daarmee ook de differentie tussen de ervaring van zijn en die van zijnden, kan versmelten in een eenheid tussen de grond van de ziel en de godheid. Het denken, het zijn en het leven, alle gebieden van de menselijke ervaring, worden vanuit deze transcendente ervaring van eenwording radicaal anders. De vraag is natuurlijk hoe en of dat überhaupt mogelijk is. Is een dergelijke niet-subjectivistische, gebeurende dimensie van ervaren mogelijk?

De aard van de eenheid die hierboven wordt beschreven hangt voor een groot deel af van het soort intellect dat Eckhart bedoelt. Eerder is het *intellectus* binnen de filosofische traditie van de metafysica tot aan Heidegger al via Visser beschreven als een vernemend vermogen. Eckhart beroept zich met zijn opvatting van het *intellectus purus* op de scholastieke interpretatie van Aristotelische en Griekse denkers. 'Eckhart neemt een innerlijke eenheid aan tussen ziel en God. Zich onder meer baserend, evenals Aristoteles en zovele andere filosofen, op het beginsel van Empedokles, dat alleen het gelijke het gelijke kent, zoekt en ervaart hij die eenheid in het *intellectus*, de *vernünfticheit*.'[152] Dat wat zowel

---

151 Eckhart. *Predigten & Traktaten II*, 830 (Stellenkommentar).

152 Visser. *Gelatenheid*, 90. Het Middelhoogduitse *vernünfticheit* komt bij Eckhart naar voren in verband met de hogere krachten van de ziel die tot het *intellectus* worden gerekend. Het woord geeft het vernemen als *noein*,

de grond van ziel als ook de godheid delen is een vermogen van radicale ontvankelijkheid, van openheid naar dat wat gelijkgezind is. De ontvankelijkheid van god en ziel voor elkaar getuigt van een werkzaamheid die op het vlak van hun relatie plaatsheeft. Het woord *Vernunft* geeft de aard van deze relatie weer en verbindt het concept van het intellect met de connotaties van een zekere tastzin.[153] De wederzijdse ontvankelijkheid kan negatief geïnterpreteerd worden vanuit het geschapene, omdat het daar niets lijkt voort te brengen en positief vanuit het ontologische perspectief van het zijn, waar het de geboorte van de godheid in de ziel mogelijk maakt. De vraag blijft echter nog steeds hoe Eckhart deze gebeurtenis op het vlak van het ongeschapene door laat werken tot in de ervaring van de dingen.

1.27 Subsistente relatie

Het Godsbeeld van Eckhart is enigmatisch en het is bijna niet mogelijk de tegenstrijdigheden te omzeilen. Wanneer de blik voor nu echter wordt gericht op de werkzaamheid tussen godheid en de grond van de ziel komt daaruit een opvatting van relatie naar voren die verleidt tot de volgende uitspraak: Hun éénwording ís hun zijnswijze. Deze enigmatische opvatting verwijst naar een concept van relatie, namelijk de subsistente relatie, dat de scholastieke traditie alleen toekent aan de onderlinge verhoudingen tussen de drie personen die de Triniteit uitmaken. 'Eckhart heeft de Godsgeboorte in de ziel als de verborgen zin beschouwd van het leerstuk van de Triniteit, de heilige Drie-eenheid.'[154] Een subsistente

---

als het zuivere vernemen van de ratio weer in verband met de zintuigelijke krachten van het gemoed zoals dat ook is uitgelegd betreffende de ontvankelijkheid voor het niets in Beweging I. Visser oppert dat het een brug vormt tussen het latijnse *intellectus* en het Middelhoogduitse woord voor gemoed (*gemüete*). Het pure vernemen van het *intellectus purus* is een staat van ontvankelijkheid waarin het hoogste, god als godheid en de zielengrond zich verenigen. Dat verenigen getuigt van een tastzin, het is een soort proeven van wat elkaar gelijkt; een zelfaffect. Verderop zal in verband met de metaforiek van vruchtbaarheid over de tactiele dimensie van deze gebeurtenis worden uitgeweid.

153 Vgl. Visser. *Gelatenheid,* 92-94.

154 Visser. *Gelatenheid,* 171.

vorm van relatie wordt door John D. Caputo ingezet in zijn artikel over de affiniteit tussen het denken van de latere Heidegger en dat van Meister Eckhart. Hij verwijst ernaar door Eckhart's opvattingen te verbinden aan de scholastische opvatting van relaties tussen de drie personen van God: 'For Eckhart, the being of the Father is to bear and that of the Son is to be born, and this unique situation, found only in the Trinity, in which a relation is not an accidental feature superadded to a substance but the very substance of the beings themselves, is called by the medievals a "subsistent relationship."'[155] In verband met zijn uitleg van de overeenkomsten tussen Heidegger's conceptie van Ereignis en Eckhart's uitleg van de godsgeboorte in de ziel merkt Caputo op dat het processuele, gebeurende karakter van beiden affiniteit kent met bovengenoemde middeleeuwse opvatting van relatie. Dat toont iets wat tot nog toe niet behandeld is. Het overlaten van gelatenheid correspondeert met het gebeurende karakter van subsistente relaties binnen de Triniteit.[156] In de immanentie van hun één-zijn wordt hun identiteit altijd in afhankelijkheid van de anderen opgeworpen en heeft, dat is hier het allerbelangrijkste, deze afhankelijkheid een voortdurende werkzaamheid. De metafoor van geboorte laat zien dat de drie een generatieve relatie zijn: ze brengen elkaar voortdurend voort in een eeuwigdurend baren en geboren worden. Het lijkt bijna een spel, omdat hun baren en voortbrengen geen ander doel dient dat hun eenwording. De eenheid is aldus niet kwantificeerbaar of vast te stellen, het is een gebeuren dat zich voortdurend blijft ontvouwen. De godheid is op te vatten als de grond, de oorsprong van de drie personen. Het gebeurende karakter van hun eenheid is hun ongeschapen zijn, daarin zijn ze niet van elkaar te onderscheiden als personen. 'In God, zo zagen we, is er maar één verhouding: gelijkheid. God staat gelijk met 'het meest mededeelzame en verenigende'. Als God al een substantie is, dan is Hij dat niet in de zin van een statisch zijnde. God is het gebeuren van verenigende

155 Caputo. 'Heidegger and Eckhart II,' 63.

156 In de appendix wordt deze opvatting van subsistentie verder uitgewerkt. Om een achtergrond te krijgen van de opvatting van gebeurende eenheid die er in deze beweging wordt uitgewerkt wordt er geadviseerd de appendix te raadplegen.

zelfmededeling.'[157] De relatie tussen de ziel en God vindt plaats op het vlak van deze gebeurlijke dimensie die de Triniteit tot eenheid, als godheid, maakt. Het evenement van de godsgeboorte in de ziel is een verplaatsing van het gebeuren van de subsisterende drie-eenheid naar de grond van de ziel. Vanaf hier is het nog maar een kleine stap naar de werkelijk revolutionaire implicaties van deze overheveling van subsistentie naar de ziel: het domein van het leven en de dingen.

1.28 Exclusieve eenheid

De emancipatoire kwaliteit van de eenheid tussen god en ziel zit hierin: De godsgeboorte in de ziel betekent niet zozeer alleen dat de ziel sterft aan zijn eigen geschapen zijn en opnieuw geboren wordt, maar óók dat God als drie-enige schepper daar niet binnen kan komen en alleen in zijn éénzijn, als godheid in de ziel binnentreedt. De roemruchte uitspraak van Eckhart in *Beati Pauperus Spiritu* moet ook vanuit deze context worden begrepen: 'Daarom bid ik God dat hij me leeg maakt van God, want mijn wezenlijke zijn is boven God, voor zover wij God begrijpen als het begin van de schepselen.'[158] Voor Eckhart gaat de eenheid waar het ongeschapen deel van de ziel en de ongeschapen godheid in zijn opgenomen zodanig aan alle onderscheid voorbij, dat niet alleen het geschapen deel van de ziel vaarwel wordt gezegd, maar zeker ook de schepper God resoluut buitengesloten wordt. Daar spreekt een zekere exclusiviteit uit die een emancipatie van het ongeschapen deel van de ziel betekent.

In de preek *Intravit Iesum in quoddam* wordt de verborgenheid en exclusiviteit van de eenheid tussen ziel en godheid voorgesteld als een *castellum*, een burchtstadje (*Burchtlein*). Daar heet het: '[Z]o werkelijk één en enkelvoudig is dit burchtstadje, en zo uitrijzend boven alle zijnswijzen en alle krachten is dit enig Een, dat kracht noch zijnswijze daarin ooit een blik kan werpen, noch God zelf.'[159] God dient zichzelf, 'Zijn persoonlijke hoedanigheid', zijn zijnswijze, buiten te laten wil hij in het burchtstadje naar binnen mogen

---

157 Visser. *Gelatenheid,* 178-179.

158 Eckhart. Over God wil ik zwijgen, 14.

159 Eckhart. Over God wil ik zwijgen, 76.

kijken.[160] Er wordt in de ziel een Woord gesproken dat erbuiten niet gehoord wordt, er wordt een intieme, kwetsbare en efemere toestand in de grond van de ziel afgekondigd waar alleen een 'uitgeklede' God naar binnen mag treden. Naast de beeldspraak van het burchtstadje wordt in deze preek de metafoor van vruchtbaarheid en daarmee van de geboorte aangesproken. De subsisterende relatie van de Triniteit wordt in de grond van de ziel (het burchtstadje) geopenbaard. Het Woord dat gesproken wordt in de ziel staat synoniem voor de manier waarop de Vader de Zoon in de grond van de ziel baart. De ontvankelijkheid van het lege gemoed wordt in de preek vergeleken met maagdelijkheid. Voordat de zijnswijze van eenheid tussen godheid en ziel bereikt kan worden moet God in dit lege gemoed van de ziel vruchtbaar worden. De Zoon, die door de Vader in de grond van de ziel wordt geplant moet de ruimte krijgen, zodat deze vervolgens, vruchtbaar kan worden teruggebaard. Het is alsof de beweging die de Triniteit, barend richting de ziel maakt, moet worden ontvangen en afgemaakt in de grond van de ziel. De metaforiek van gave en dankbaarheid sluit hierop aan. Het gebeuren waarbinnen het Woord gesproken wordt, met andere woorden de Zoon wordt gebaard is het resultaat van een gave, die niet enkel in ontvangst wordt genomen, maar die in liefde en dankbaarheid door de Geest in de grond van de ziel mede tot wasdom wordt gebracht. De dankbaarheid van de ziel is een essentieel deel van deze gebeurtenis van eenheid. Het is geen passieve dankbetuiging van de ziel voor de gift van Gods Zoon, de godheid en de grond van de ziel zijn radicaal gelijk aan elkaar. Net als in de subsistente verhouding tussen de drie personen van de Triniteit heeft de één de ander evenzeer nodig. Dat is de emancipatoire implicatie van Eckharts' opvatting van eenheid. Het baren en geboren worden is een gedeeld, niet-intentioneel gebeuren waarin zowel passiviteit (ontvangen) als activiteit (het baren) compleet evenredig tussen godheid en mens zijn verdeeld.[161] Voor

160 Eckhart. Over God wil ik zwijgen, 77.

161 Eckhart. *Predigten & Traktaten I*, 756 (Stellenkommentar). 'In der Gottesgeburt, an der die freie Seele mitgebärend teilhat, wird denn auch die Seele fruchtbar in unmittelbarer Weise. Sie wirkt nicht mehr, um mittels eines Werks etwas zu erlangen, sie ist nicht mehr in der Weise da, daß sie ihr Dasein vermittelt begreift, und sie erkennt nicht mehr in der Weise, daß

nu gaat het voornamelijk om de manier waarop God hier, in dit beeld, wordt voorgesteld; namelijk als een mee-barende, gevende én ontvangende instantie. De gelijkheid tussen ziel en mens die daaruit spreekt is ongewoon voor die tijd en hebben uiteindelijk tot een proces tegen Eckhart geleidt.[162] De vraag blijft echter waarom het plaatsvindt in een burchtstadje, met andere woorden waarom het verborgen en binnen blijft.

Het burchtstadje doet denken aan beschutting en bescherming van iets wat breekbaar is. De staat van één-zijn en binnen-zijn die het resultaat is van de geboorte wordt door Eckhart in mysterie gehuld wanneer hij deze aan de ene kant volkomen vrij noemt en haar vervolgens in het beeld van het burchtstadje vervat: 'Ik heb wel eens gezegd dat er een kracht in de geest is die, als enige, vrij is. Soms heb ik daarvan gesproken als van een behoedster van de geest; soms heb ik daarvan gesproken als van een licht van de geest; soms heb ik daarvan gesproken als van een vonkje.'[163] De werkzaamheid die de eenheid tussen godheid en de grond van de ziel uitmaakt is efemeer en kwetsbaar. Het is een kracht die tegelijkertijd kwetsbaarheid verraadt. Het is het begin van nieuw leven dat nog behoedt moet worden. Het is schichtig en trekt zich als gebeuren steeds terug. 'Nu echter zeg ik: het is noch dit noch dat; desondanks is het een 'wat', namelijk iets veel hogers boven dit en dat dan de hemel boven de aarde.'[164] Ondanks deze initiële kwetsbaarheid, die bij Heidegger in het terugtrekken van het zijn ook naar voren komt, is het de oorsprong van het geschapene en moet het als zodanig niet onderschat worden als werkzaam vermogen. Het is een voortdurend baren en terugbaren dat in de versmelting van godheid met de

---

sie die Wahrheit bildhaft begreift. Sie ist vielmehr reines Empfangen, Geboren-werden und Gebären zugleich.'

162 Vgl. Eckhart. *Predigten & Traktaten I*, 722-728 (Stellenkommentar). Tegen het einde van zijn leven wordt Eckhart aan de Roomse inquisitie onderworpen, omdat zijn opvattingen bij zijn Dominicaner broeders argwaan wekken. Een deel van zijn uitspraken uit Middelhoogduitse preken worden uiteindelijk, na zijn dood in 1327/28, door de Paus Johannes XXII als heterodox veroordeeld en daardoor verboden.

163 Eckhart. Over God wil ik zwijgen, 75.

164 Eckhart. Over God wil ik zwijgen, 75.

grond van de ziel plaatsvindt.[165] Er is een andere verhoudingswijze geboren waar de mens geen mens meer is en waar god geen God meer is.

1.29 Ervaring van eenheid

Naast de exclusiviteit en radicale aard van de eenheid tussen God en de grond van de ziel blijft de vraag naar de *ervaring* van deze eenheid open.

De gelijkwaardigheid tussen godheid en de ziel wordt in het evenement van de geboorte zichtbaar als een zeker zelfaffect. De voorbeelden die Eckhart aanhaalt om deze reciprocerende relatie tussen de ziel en de godheid uit te leggen geven daar blijk van. De metaforen van vruchtbaarheid en geboorte leidden naar een beeld van de drie-enige God, die zichzelf meedeelt aan zichzelf *als* godheid. De drie personen in de Triniteit hebben hun relatie van baren en zeggen, het gebeuren dat tussen hen in plaatsvindt, tot identiteit. Echter, pas wanneer deze subsistente relatie tussen de drie wordt betrokken op de ziel vangt hun immanente relatie aan als *gebeurtenis*.

De ervaring van eenheid wordt gek genoeg in de beweging van overlaten het meest duidelijk door het perspectief van God. Deze krijgt in de godsgeboorte van de ziel de kans zichzelf leeg, vrij, en zelfs naakt te leren kennen. De Triniteit geeft zichzelf *over* aan de even ontvankelijke zielsgrond om zichzelf daar te *proeven*. Visser merkt hierover op: 'Alleen het vonkje zuiver intellect, het tempeltje in de grond van de ziel, kan God ontkleden van goedheid en alle

---

165 Eckhart. *Predigten & Traktaten I*, 770 (Stellenkommentar). Een uiteenzetting over de godsgeboorte bij Eckhart wordt, anders dan in geval van dit onderzoek,door Largier uiteengezet vanuit de opvatting van de grond van de ziel als vonkje. Deze grond van de ziel is eigenlijk nog niet uitgelegt, afgezien van de opmerking dat het een ongeschapen staat van de ziel is. De benaming van de ziel als grond van de ziel verraadt een onbemiddelde werkzaamheid die in de benaming ervan als vonkje doorklinkt. Er is sprake van de godsgeboorte in de ziel in termen van een doorbraak (*durchbruch*) en een volkomen versmelting. Largier ziet hierin de invloed van vrouwelijke mystici als Hadewijch, Machteld van Magdeburg en Beatrijs. De nadruk op ontvankelijkheid die zowel aan de godheid als ook aan de grond van de ziel wordt toegekend moet haast wel aan deze invloed worden toegeschreven.

andere namen en Hem naakt nemen.'[166] In dit kader spreekt Visser van de *verenigende zelfmededeling* van God. Hij stelt daar dat *Vernünfticheit* God naakt neemt. Er kan aan God in het burchtstadje geen enkel predicaat meer worden toegekend; er is geen mogelijkheid te zeggen: God is goed, God is waarheid. De wortels daarvan ziet Visser in het woord *gemeinen*, dat Eckhart gebruikt om aan te duiden wat goedheid is.[167] 'Het *sich gemeinen* heeft echter twee heel eigen betekenissen, die maken dat dit niet inwisselbaar is met 'zich geven': *zich verenigen* en *zich meedelen.*' [168] God wordt gekenmerkt als datgene wat zichzelf het meest verenigd in zijn mededeelzaamheid. Voor God zit er niets anders op deze gave van gemeenschap en eenwording te delen in de grond van de ziel. Het enige wat overblijft is vervolgens dat wat er in de ziel geboren wordt en dat is [...] vrij van alle namen en van alle voorstellingsvormen volkomen ontdaan, geleegd en vrij, zoals God leeg en vrij is in zichzelf.'[169] Er wordt aan de zielsgrond de exclusieve mogelijkheid toegekend God aan zichzelf mee te delen in een hoedanigheid waarin dat voor God zelf niet mogelijk is. [170]

Echter, dit is niet enkel de ervaring van God, die zichzelf proeft. De beeldspraken van zwangerschap, maagdelijkheid en een kus wordt maken duidelijk, dat de ervaring van de godheid in versmelting met de ervaring van de ziel is. Ze spiegelen zich aan elkaar en, zo zou er voorzichtig gesuggereerd kunnen worden, ervaren als één. De mystieke vervulling die op de *Mors Mystica* volgt is alleen uit te drukken in dergelijke metaforen omdat het met een zeer krachtige ervaring van eenheid correspondeert: 'In deze kracht

---

166 Visser. *Gelatenheid,* 180.

167 Vgl. Eckhart. *Over God wil ik zwijgen,* 142: 'Één is iets zuiverders dan goedheid en waarheid. Goedheid en waarheid zijn geen toevoeging bij het ene, alleen in gedachten worden zij daaraan toegevoegd; omdat het gedacht wordt, is het een toevoegsel.'

168 Visser. *Gelatenheid,* 178.

169 Eckhart. Over God wil ik zwijgen, 76.

170 Vgl. Caputo. 'Heidegger and Eckhart II,' 68. & Caputo. 'Heidegger and Eckhart I,' 493-494. Vgl. ook met *Brauch* en *Not* in 1.32. In nachwort zu 'was ist metaphysik?' zegt hij daarover zelfs: '[W]enn anders zur Wahrheit des Seins gehört, daß das Sein nie west ohne das Seiende, daß niemals ein Seiendes ist ohne das Sein.' p. 306.

is God groenend en bloeiend in alle vreugde en glorie precies zoals Hij in zichzelf is. Daar is zo'n hartevreugd, zo'n niet in begrippen uit te drukken blijdschap, dat niemand het ten volle kan beschrijven.'[171] Het gebeuren van de eenheid vertaalt zich naar een vreugde die niet te beschrijven is, omdat deze niet correspondeert met de bemiddelde opvatting van vreugde als emotie. Het is wél te vangen in het bereik van geboorte, omdat het de ervaring van een *geheel* markeert. God en ziel vernemen daar hetzelfde, ervaren hetzelfde door hun wederzijdse aanwezig-zijn. Ze proeven deze blijdschap in elkaar, met elkaar en door elkaar.

Als Visser op zijn woord genomen moet worden is het wederzijdse vernemen tussen ziel en god zodanig affectief van aard, dat deze zelfs overslaat naar het lichaam van de ziel en uiteindelijk doorwerkt tot in de ervaring van de wereld. 'In de grond van de afgezonderde ziel verneemt het nog altijd alleen zichzelf, zij het nu in het medium van de verlichte ziel. Hier verneemt het zichzelf niet alleen, het proeft zichzelf ook. Het proeft zichzelf dankzij het lichaam, dat mede in deze ontvankelijkheid wordt opgenomen.'[172] De 'hartevreugd' en blijdschap die volgen op de godsgeboorte in de ziel zijn het vanzelfsprekende resultaat dat besloten ligt in het zelfaffectieve vernemen dat Eckhart elders een kus van de godheid noemt.[173] Voor Visser kan het niet anders of deze affecten wijzen op een overheveling van de gebeurtenis tot over de grenzen van het puur geestelijke.

1.30 Inleiding Geviert

De godsgeboorte in de ziel heeft een verwantschap met het verband, dat in de ding-essays het *Geviert* wordt genoemd. De subsistente relatie tussen de grond van de ziel en de godheid wordt in deze paragraaf verbonden aan het gebeuren van het *Geviert*. De mens is als sterveling betrokken in het *Geviert* op een wijze die via het concept van subsistentie inzichtelijk kan worden gemaakt. De zijnservaring die in de versmelting tussen ziel en godheid merkbaar wordt krijgt bij Heidegger de mogelijkheid belichaamd te worden in

171 Eckhart. Over God wil ik zwijgen, 73.

172 Visser. *Gelatenheid*, 178.

173 Visser. *Gelatenheid*, 105.

een specifieke 'samenwerking' tussen het na-denkende denken en zijn opvatting van het ding. Het denken opent een blik op de dingen, die de revolutionaire mogelijkheid van de immanente, gebeurende eenheid tussen de grond van de ziel en de godheid ín de wereld denkbaar maakt. Vanuit hier is het uiteindelijk mogelijk om (de dingen) anders te denken.

1.31 Denken als Vermögen

Voordat er wordt ingegaan op de overeenkomst tussen het *Geviert* en de godsgeboorte in de ziel wordt het na-denkende denken in relatie tot het zijn van de zijnden nauwkeuriger uitgewerkt. De sprong en het offer lieten een bepaalde verhoudingswijze van de mens als sterveling zien. Wanneer nu de aandacht wordt gericht op het Geviert is het nodig het denken van de sterveling dat het Geviert in verband met het ding brengt te expliciteren. De exclusiviteit die uit het beeld van de zielsgrond als burchtstadje spreekt is te ontwaren in Heideggers opvatting van het denken als een *Vermögen*. De mens is als sterveling bereid de wereld met lege handen tegemoet te treden door zijn intentionele gerichtheid in te trekken of in ieder geval uit te stellen. Toch lijkt dit een negatieve formulering van wat het sterven positief bewerkstelligt. Het 'resultaat' van de bereidheid het voorstellende vermogen in te trekken kan positief worden vertaald naar de werkzaamheid van een zeker laten dat in het na-denkende denken wordt voltrokken. Vanuit dit perspectief kan het na-denkend denken als een voorbereidend vermogen worden opgevat. In 'Was heißt denken?' wordt het denken voorgesteld als een *vermogen* (*Vermögen*) dat als een zeker verwachten van het zijn, als een plaats-bereiden-voor het zijn moet worden opgevat: 'Denn etwas vermögen heißt: etwas nach seinem Wesen bei uns einlassen, inständig diesen Einlaß hüten.'[174] Het voorvoegsel '*-ein*' (-binnen, -toe) van binnenlaten krijgt affiniteit met een zeker '*-zu*' (-aan, -tegemoet) dat in het zijn opgevat als *Zuspruch* doorklinkt.[175] Het laten dat in deze opvatting van vermogen wordt geïntroduceerd is een binnenlaten, het toelaten van iets dat zich aandient; dat aanspreekt. Op welke manier dient het zijn zich aan in

---

[174] Heidegger. 'Was heißt denken?', 123.

[175] In 1.23 komt het zijn als *Zu-spruch* naar voren als de stille stem van het zijn.

dit vermogen? Als het zijn van de zijnden en meer precies: In een denkende betrokkenheid op een ding. In de samenwerking tussen een specifiek ding en het wezenlijke denken komt het zijn als het evenement van het Geviert naar voren. Het zijn kondigt zich als het subsisterende verband van het Geviert aan door de plaats die het denken ervoor bereidt. In wat volgt wordt deze betrokkenheid tussen het ding en het denken met betrekking tot het gebeuren van het *Geviert* meer doordacht. Wat hier echter van belang is, is de manier waarop precies het denken het *Geviert* kan *laten* gebeuren. De gebeurende dimensie van het zijn in dit *Geviert* wordt in 'Was heißt denken?' het 'Anwesen des Anwesenden, Präsenz des Präsenten' genoemd.[176] De gebeurende zijnsverhouding van deze opvatting van zijn laat zien dat in het denken van de sterveling een plaats is voorbereid voor het efemere evenement van het zijn. Zoals het lege gemoed de subsisterende eenheid van de godsgeboorte in de ziel voorbereidt waardoor het een burchtstadje wordt voor het kwetsbare evenement van de geboorte, zo nodigt het wezenlijke denken het gebeuren van het *Geviert* uit door in samenwerking met de dingen een plaats ervoor te bereiden.

De bestendige beschutting die in het beeld van het burchtstadje spreekt klinkt door in het behoeden dat op de openheid van het na-denkende denken volgt. Het komt overeen met de wederzijdse afhankelijkheid tussen de ontvankelijkheid van de ziel en de godheid. Deze subsisterende zijnsverhouding klinkt door in het concept van het hüten. 'Halten heißt eigentlich Hüten. Was uns im Wesen hält, hält uns jedoch nur solange, als wir, von uns her, das uns Haltende selber behalten.'[177] Het gebeuren van het zijn wordt, ondanks zijn terugtrekkende neiging, geborgen en bestendigd in de verhouding van het vermogende denken. Het toelaten en behoeden van het zijn van de zijnden blijkt daarenboven een deelname aan het verband waar de mens als sterveling toe behoort. In deze verbondenheid kan het de dingen wezenlijk toelaten. Wanneer de mens sterveling wordt verstaat het de opgave de verbondenheid met het zijn steeds open te houden in het na-denkende denken. Het

---

176 Heidegger. 'Was heißt denken?', 135.

177 Heidegger. 'Was heißt denken?', 123.

vermogende denken is een plaats waar het zijn als Geviert zich openbaart.

1.32 Het Geviert

Het *Geviert* deelt een opmerkelijke overeenkomst met het verband tussen godheid en de grond van de ziel: Een subsisterende eenheid. Dat is tenminste het vermoeden dat in deze paragraaf kracht zal worden bijgezet. Het denken als vermogen geeft een knipoog in de richting van de manier waarop het *Geviert* in het denken kan worden voorbereidt. Echter, zoals al eerder werd vermoed, vloeit dit andere denken voort uit de zijnswijze van de denker als sterveling. In *Wohnen, Bauen, Denken* wordt het zijn van de mens als sterveling op aarde, 'wonen' genoemd. In een uiteenzetting waar het bouwen (*Bauen*) aan wonen wordt verbonden brengt Heidegger het volgende naar voren: 'Mensch sein heißt: als Sterblicher auf der Erde sein, heißt: wohnen.'[178] Zowel het Oudhoogduitse woord *buan* (bouwen), het Oudsaksische woord *wunon* en het Gotische woord *wunian* (wonen) betekenen een zeker (ver)blijven-bij, ofwel een zich-ophouden-bij. Deze betekenis wordt vervolgens herleid tot het grondkenmerk van het wonen: *Schonen.* Het *Wohnen* dat het mens-zijn van de mens als sterveling op aarde betekent lijkt op het denken als *Vermögen:* 'Das eigentliche Schonen ist etwas *Positives* und geschieht dann, wenn wir etwas zum voraus in seinem Wesen belassen, wenn wir etwas eigens in sein Wesen zurückbergen, es entsprechend dem Wort freien: einfrieden.' [179] Net zoals het vermogende in het denken iets op zijn beloop kan laten bij, iets kan laten zijn wat het is, zorgt het wonende behoeden ervoor dat iets in zijn wezen wordt vrijgelaten. Dit heeft direct een connotatie met het behoeden van het *hütende* denken, maar krijgt bij het wonen nog een andere dimensie. De familiariteit tussen de woorden vrede en vrijheid geven hier een aanzet tot de emancipatoire idee van eenheid die ook in het concept van subsistentie postvat.

De stervelingen wonen op aarde, ze laten het Geviert gebeuren doordat ze de aarde redden (*retten*), doordat ze de hemel als hemel ontvangen (*empfangen*), doordat ze de goddelijken als goddelijken

178 Heidegger. 'Denken, Bauen, Wohnen', 141.

179 Heidegger. 'Denken, Bauen, Wohnen', 143.

verwachten (*erwarten*), doordat ze de dood als dood vermogen en deze daardoor 'in den Brauch dieses Vermögens geleiten, damit ein guter Tod sei.' [180] De woorden *Vermögen* en *Brauch* geven een voorbode van een eenheid waarin de differentie tussen het viertal niet wordt gebruikt als springplank en daardoor, dialectisch, wordt opgebruikt. Zoals ook bij Eckhart de idee van een nood aan de mens wordt opgeroepen door de metafoor van de geboorte, wordt hier een beeld van de mens gegeven dat aansluit bij de bereidheid tot het offer. Deze bereidheid is de deelname en daardoor, het mede mogelijk maken van het gebeuren van het zijn dat het werelden van wereld, het dingen van het ding inhoudt. De nood die het Geviert aan de mens als sterveling heeft is hun verbondenheid in een specifieke verhoudingswijze. De differentie tussen de vier wordt deel van een spel waarbinnen de identiteit van elke pool uit het viertal op het spel wordt gezet. Dit uitspelen en spiegelen wordt de gebeurende eenheid waarin ze één-zijn.

Met andere woorden, het Geviert subsisteert. Het wonen van de mens op aarde is de opgave deel te nemen aan dit subsisterende verband. Van daaruit wordt ook de enigmatische opgave die in een 'goede' dood besloten ligt wellicht duidelijker. Zoals uit de reddende omgang met de aarde blijkt, heeft de mens een opgave in zijn deelname aan het Geviert: 'Die Rettung entreißt nicht nur einer Gefahr, retten bedeutet eigentlich: etwas in sein eigenes Wesen freilassen. Die Erde retten ist mehr, als sie ausnützen oder gar abmühen.' [181] Daarmee wil Heidegger zeggen, het wonen van de mens is geen tijdelijk oponthoud op aarde zonder enige consequentie: er is een verbonden-zijn en gebonden-zijn dat ons meestal alleen bereikt als gewoonte (Gewohnte), in het dagdagelijkse leven. Toch ligt hier de kiem van een vrijgave, een kunnen laten zijn wat is. En daar blijft het niet bij, het wonen dat het Geviert mee tot wasdom laat komen kan niet het eindstation zijn. Het is het begin van een beweging die alleen kan worden afgemaakt door de verhouding van de wonende sterveling tot de dingen.

---

180 Heidegger. 'Denken, Bauen, Wohnen', 144-145.

181 Heidegger. 'Denken, Bauen, Wohnen', 144.

1.33 Het ding en het denken

Een mens zijn, is een sterveling op aarde zijn, is wonen. Hoe is de mens op aarde als hij woont? Hij is *bij* de dingen. Het viertal wordt vrijgegeven in de sterfelijkheid van de mens die woont. In dat wonen is de mens altijd-al eerst bij de dingen. Het verblijven-bij en ophouden-bij (*Bleiben* en *Sich-Aufhalten*) geeft een relatie van één-zijn met betrekking tot de dingen weer. Het bij-zijn bij de dingen is een verhouding van mens en wereld, die wordt gekenmerkt door dezelfde afhankelijkheid als de verhouding tussen het viertal.

Door de ervaring van het zijn-bij van de sterveling, dat alleen in het na-denkende denken wordt geëxpliciteerd, wordt duidelijk hoezeer het Geviert de dingen nodig heeft: 'Der Aufenthalt bei den Dingen ist jedoch der genannten Vierfalt des Schonens nicht als etwas Fünftes nur angehängt, im Gegenteil: der Aufenthalt bei den Dingen ist die einzige Weise, wie sich der vierfältige Aufenthalt im Geviert jeweils einheitlich vollbringt.' [182] Het is belangrijk te begrijpen wat Heidegger hier precies beweert. Er is een verhouding tussen ding en *Geviert* dat in het wonen als schonen plaatsheeft. Zoals eerder aangemerkt is dit schonen een bevrijdend behoeden, dat overeenkomt met het denken als vermogen. 'Schonen heißt: das Geviert in seinem Wesen hüten.' [183] De verhoudingswijze tussen aarde, hemel, goddelijken en sterfelijken is *afhankelijk* van een transcendente, gebeurende verhoudingswijze tussen mens en ding. Het gebeuren van het zijn vindt plaats bij het ding, doordat de mens deze dingen als plaatsen voor het zijn voorbereidt in een denken dat het ding opschoont. Denken en wonen betekenen hier een vrijgave van de dingen als dingen. Ze laten zien hoe de mens een plaats kan voorbereiden voor de komst van het Geviert: door de dingen te *laten* zijn. Wat zijn de dingen wanneer ze op deze manier worden vrijgelaten te zijn wat ze zijn? Ze worden de heilige plaats, een burchtstadje waar het Geviert als subsisterende verhoudingswijze van het één-zijn zichzelf veilig kan openbaren.

De bewoordingen die voor de dingen zijn gekozen klinken wellicht vreemd in de oren. Echter, in de beschrijving van het

---

182 Heidegger. 'Denken, Bauen, Wohnen', 145.

183 Heidegger. 'Denken, Bauen, Wohnen', 145.

Geviert in 'Das Ding' kunnen er concrete aanknopingspunten worden gevonden met de opvatting van het ding als gewijde plaats voor het gebeuren van het zijn. In deze voordracht wordt het nadenkende denken gericht op een bedrieglijk eenvoudig gebruiksvoorwerp: De kruik.[184] De subsisterende verhoudingwijze tussen het viertal wordt door een ontmoeting met deze kruik vernomen. De verhouding tussen de vier wordt uiteindelijk voorgesteld als een spiegelend spelen. Dit spiegel-spel heeft affiniteit met de manier waarop de subsisterende verhouding tussen de drie personen van God worden voorgesteld. De metafoor van het baren sluit direct aan op het spiegel-spel van het viertal. Hoe ziet dat spelende verhouden van de vier in de kruik eruit?

In hun eigen zijnswijze spiegelen elk van de vier de anderen. Dit spiegelen gebeurt wederzijds, over en weer en geeft daardoor de eenheid van het viertal gebeurend, als een dynamisch gegeven-zijn te kennen. Het spiegelen is een toespelen van de eigenheid van elk van de vier en betekent daardoor ook een uitspelen van hun wezen tegenover elkaar. Het spiegelende uitspelen bewerkstelligt de eenheid van de vier. Elk van hen draagt de ander en speelt hun wezen voortdurend over naar de ander. Het spiegelende overgeven en dragen gelijkt de manier waarop in de Triniteit de drie personen zich tot elkaar verhouden. Het baren en voortdurend geboren worden kan worden voorgesteld als een spiegelend spel van de drie in hun immanente staat van zijn. In het spel wordt het wezen van de vier namelijk voortdurend onteigenend ge-eigend, dat wil zeggen, de vier verliezen en verkrijgen zichzelf telkens in de eenheid van hun vier-zijn. Ze worden steeds opnieuw in de ander geboren doordat ze door die ander worden voortgebracht.

Vervolgens verneemt, in analogie met de godsgeboorte in de ziel, het Geviert zichzelf op deze spiegelend spelende manier in de wereld: 'Dieses enteignende Vereinigen ist das Spiegel-Spiel des Gevierts. Aus ihm ist die Einfalt der Vier getraut. Wir nennen das ereignende Spiegel-Spiel der Einfalt von Erde und Himmel, Göttlichen und Sterblichen die Welt. Welt west, indem sie weltet.'[185] De verhoudingswijze van de vier is het werelden van de wereld. De

184 Vgl. met de beschrijving van de kruik aan het einde van beweging I, 1.23.

185 Heidegger. 'Das Ding', 172.

wereld is de vruchtbare grond van waaruit het Geviert zich verenigend meedeelt. Het is met andere woorden de manier waarop het 'Anwesen des Anwesenden' en de 'Präsenz des Präsenten' plaatsheeft.[186] Het element waarin het na-denkende denken zich beweegt geeft zich hier prijs. Het wordt zichtbaar in de ontmoeting met een ding waarin het Geviert zich als het werelden van wereld prijsgeeft. De manier waarop het werelden, het steeds opnieuw ontsloten worden van wereld zich aan ons in de ervaring geeft is door de beweging van voortdurende vereniging van het Geviert. Deze beweging wordt vervolgens gekoppeld aan de woorden Vierung, Reigen (Ereignis) en Gering (ringen). Ze roepen allerlei associaties op met een reidans, een feestelijkheid, het vieren van een zich voortdurend ronddraaiende vereniging. Er komt een beschrijving van de ervaring van éénwording die tussen het viertal bestaat, waaruit het viertal als viertal bestaat. Vervolgens wordt dit feestelijke werelden van wereld in het Geviert te berde gebracht: 'Aus dem Spiegel-Spiel des Gerings des Ringen ereignet sich das Dingen des Dinges. Das Ding verweilt das Geviert. Das Ding dingt Welt.'[187] Aanleiding voor deze ontdekking over het Geviert, de wereld en het gebeurende karakter van het zijn? Een beschrijving van een ding, een kruik, als de plaats waarin het Geviert zich verzamelt.

---

186 Heidegger. 'Was heißt denken?', 135.

187 Heidegger. 'Das Ding', 173.

1.34 Eenheid en het Geviert

In de bovenstaande zinnen zit een opvatting van leven verborgen waar alleen toegang toe te verkrijgen is door erin te springen. Dat betekent dat het geschrevene van buitenaf ontoegankelijk kan lijken. De aard van het zijn, het terugtrekkende, enigmatische karakter ervan, vraagt erom behoed te worden en moet daarom behoedzaam tegemoet worden getreden. Het is een verhoudingswijze waar het denken in kan worden opgenomen, mits het zichzelf erin loslaat. Deze *Zu-spruch* van het zijn kan vervolgens moeilijk op begrip komen wanneer het enkel van buitenaf wordt geobserveerd.[188] Het is daarom van belang de tactiliteit van de ervaring van eenheid die bij Eckhart naar voren komt over te hevelen naar de ervaring van het schrijven en lezen als exponenten van het na-denkende denken bij Heidegger. Beide ervaringen zijn opgenomen in een verband waar niet van buitenaf naar binnen kan worden gekeken zonder de moeite te nemen erin te springen.

In dat kader is ook het verschil tussen de zijnservaring bij Eckhart en bij Heidegger nodig om tot een nieuw inzicht te komen over. Als gebeurend component in het aanwezige betoont het zijnsgebeuren zich als een kwetsbaar, efemeer fenomeen dat een zeer specifieke ontvangstplaats verlangt om tot zijn recht te kunnen komen. Het grote verschil tussen Eckhart en Heidegger zit hem erin dat bij Heidegger de sprong expliciet ín de wereld wordt gemaakt en de dingen als gewijde plaats voor het zijn worden aangewezen. Daarmee raken we aan Heideggers' opvatting van geschiedenis, die in het verband van dit onderzoek niet uitgediept kan worden. Er kan wel kort worden ingegaan op de rol die zowel Eckhart en Heidegger voor de mens zien weggelegd. De vraag naar het denken sluit hierbij aan: wat denken is en kan doen hangt uiteindelijk mede af van de manier waarop de mens deel kan nemen aan het verband waarbinnen het gebeurt. Schürmann bemerkt hierover het volgende: 'For both, Being is an event, but Meister Eckhart does not think of it in terms of an historical correspondence to the epochs opened by disclosing Being. For both, man is the place of difference, but for Heidegger, this difference clears (lichtet) itself historically.' [189]

---

188 Vgl. noot 176.

189 Schürmann. 'Heidegger and Meister Eckhart on Releasement', 110.

Schürmann heeft het hier over de mens als de plaats van differentie; de mens draagt in zich de mogelijkheid een plaats te worden waar het zijn gebeurt en wordt daardoor de plaats waar ontologische differentie aan het licht komt. De mens instigeert het zijnsgebeuren mee in zijn hoedanigheid als sterveling. Dan wordt het zijn geopenbaard ín de wereld. Van Eckhart kan gezegd worden dat de godsgeboorte in de ziel binnen blijft, immanent blijft, en dat deze geboorte niet in de wereld plaatsvindt. De vraag blijft echter waar deze aanname over Eckharts' opvatting van innerlijkheid raakvlakken heeft met de positie van Heidegger en waar ze elkaar aanvullen. Zowel Heideggers' opvatting van de relatie tussen denken en het ding als Eckharts' opvatting van de versmelting tussen ziel en godheid dragen bij aan een denken dat de gebeurende dimensie van het zijn mogelijk maakt.

MYSTIEKE GEBOORTE

1.35 Enfant – Boris Charmatz/Musée de la Dance

Een takel, een kraansysteem met twee touwen aan de uiteinden, staat in een donkere ruimte. Drie lichamen liggen levenloos verspreid op de grond. Wanneer de takel zijn touwen begint binnen te halen lijkt het of de machine tot leven komt. Met een langzaam roterende beweging worden ze rond een spoel gewonden. Er wordt een beweging van de blik opgezet die van rechtsboven aan de wand via de vloer beneden naar linksboven wordt geleid. Het gelijkmatige geluid van de machine samen met het loskomen van de draden geeft aan deze beweging een zekere connotatie mee, die nog het beste kan worden omschreven als het lostrekken van een onzichtbare begrenzing. De grens wordt pas zichtbaar op het moment dat deze wordt losgetrokken. Op de achtergrond roteert de kraan gestaag om zijn as. Hij wiegt mee met de grotere beweging van rechts naar links, kleine halve cirkels herhalen zich in de lucht. De touwen, die in één vloeiende beweging van de zwarte muur en vloer worden getrokken, lijken het roer van de machine over te nemen.

Op een gegeven moment blijkt dat twee van de zwartgeklede mensen op de grond bevestigd zijn aan de uiteinden van de takel. Beiden, nog steeds zonder teken van leven, worden omhoog getakeld, hangend aan een been of via een touw om het bekken. Het hulpeloze lichaam wordt opgevoerd, het lichaam als ding, dat wordt bewogen door een machine. Er is een rechthoekige verhoging in het midden van de ruimte die schuin oploopt naar achteren. Het blijkt een rolluik waarop de lichamen worden bewogen door een trillende, schokkende platte plaat. Gehuld in de sereniteit van hun levenloosheid steken ze schril af tegen het geluidsgeweld van de machines waar ze mee interageren.

Nadat deze mensen tot leven zijn geschud, gevlogen en gedraaid via de machine, het rolmechanisme op de vloer en de hevige schokkende platte plaat komen er andere ding-lichamen voor hen in de plaats. Het zijn kinderen. Ze zijn eveneens in het zwart gekleed en worden bewogen, overgegeven en rondgevlogen door de volwassenen die de rol overnemen van de stilgevallen machinaties. We weten vanwege de titel van dit werk (*Enfant*) dat het maker Boris Charmatz om deze kinderen te doen is in de voorstelling. *Enfant*. Enkelvoudig. Meer wordt de toeschouwer niet aangereikt. De levenloosheid van de kinderen blijkt een totale staat van ontspanning. De volwassenen kunnen alle kanten op met de kleine kinderlichamen en dat doen ze ook. Wat aanvankelijk begint als een voorzichtige, ingehouden en zorgvuldige omgang met de kleine lichamen verandert langzaam in een ruwe, wervelende bewegingsfrase waarbinnen geëxperimenteerd wordt. Ze worden heen en weer geschud, hun ledematen worden los van elkaar bewogen, ze worden overgegooid. De volwassenen onderhouden een niet aflatend contact met de kinderen, hun beweging wordt zichtbaar door de kinderen heen. De tegengestelde lichamen, in rust en in actie, bewegen vanuit elkaar en vangen elkaars activiteit met inactiviteit op. De kinderen en volwassenen worden één in een beweging die vanuit de machinebewegingen is ontstaan. Maar waar begint deze beweging werkelijk?

Nadat de draden van de begrenzing zijn losgetrokken is er een rimpel-effect, een steeds uitdijende golf van rondwervelende energie ontstaan, waarbinnen de volwassenen en kinderen in één grote beweging zijn opgenomen. Langzaamaan en zonder de mogelijkheid de precieze bron aan te wijzen, komen de kinderen in beweging en nemen ze de regie van de volwassenen over. Ze nemen de volwassenen mee in een zich telkens herhalende en aanzwellende opeenvolging van gooien, rennen, draaien, tillen, slepen en aanraken. Er ontstaan een rondwervelende storm, een kolkende beweging. Er worden kledingstukken uitgetrokken, de machines zijn weer aangeslagen. Het is bijna onmogelijk te beschrijven wat wanneer plaatsvindt. Er wordt gezongen door de volwassenen, de kinderen slaan geroep uit en op een gegeven moment hangt een doedelzak spelende man ondersteboven bungelend aan één voet zachtjes heen en weer zwiepend middenin het speelvlak.

Ik raak mijn oriëntatie-vermogen kwijt, maar krijg er iets anders voor terug: mijn 'blik' wordt geopend naar een 'levenskracht' die ik eerder over het hoofd heb gezien in deze kinderen, maar waarvan ik tegelijkertijd aanvoel dat hij er altijd al moet zijn geweest. Het verschil tussen beweging en stilstand, tussen ontspanning en spanning, tussen machine en mens wordt niet opgeheven, maar eerder in een rauwe staat van ontstaan voor het publiek opengelegd. Het werkt uitnodigend en beangstigend tegelijk. Ik kies ervoor me over te geven aan het onvermogen dit gebeuren te plaatsen. Dat zorgt ervoor dat ik de bewegingen van de kinderen en volwassenen uiteindelijk kan 'volgen'. Ik word deelgenoot van de ronddraaiende beweging en krijg voeling met de plaats waar hun bewegingen vandaan komen. Er komt een golf van rust over me heen en er verschijnt een glimlach rond mijn mondhoeken. Mijn onvermogen de toenemende 'chaos' te plaatsen heeft plaatsgemaakt voor een ontmoeting met iets wat niet te omschrijven is, niet te plaatsen is.

In het begin van de voorstelling is het nog mogelijk de associaties die rondom de bewegingsloze kinderen ontstaan (onschuld en schuld, machine tegenover mens) de overhand te laten nemen. Later krijg ik het daar, wanneer de kinderen in beweging komen, zeer moeilijk mee. Het is misschien gemakkelijker een voorstelling op het vlak van deze eerste associaties te beoordelen. Maar deze performance ís uiteindelijk niet te plaatsen. Het is zeker mogelijk te zeggen, dat Charmatz de huidige maatschappelijke problematiek rondom kinderen als uitgangspunt heeft genomen. Het is mogelijk om in een flard muziek van Michael Jackson en een geluidsfragment van spelende kinderen de thematiek van pedofilie te herkennen. Het is ten slotte mogelijk in de ruwe omgang tussen de volwassen dansers en de levenloze kinderlichamen de toenemende problematische verhouding tot lichamelijk contact en naaktheid van kinderen te zien. De vraag is alleen of het uitgangspunt van de voorstelling de uiteindelijke inhoud heeft voortgebracht.

Het laatste gedeelte van de voorstelling berust op een steeds toenemende improvisatie en geeft aan elke betrokkene, toeschouwer en danser, een toenemende bewegingsvrijheid. Wat dat oplevert en blootlegt is wat vooraf gaat aan de problematiek van het kind. Het maakt een dimensie zichtbaar, invoelbaar en tastbaar die eerder verborgen wil blijven. De toeschouwer wordt uitgenodigd deel te nemen aan een verband, dat naar de grenzen van het zijn zoekt, dat tot een ervaring van één-zijn uitnodigt. Niet door iets te doen in traditionele zin, maar eerder door er te zijn en zich erdoor te laten bewegen. Voor ieder die ertoe bereidt is, kan deze beweging aanvangen.

BEWEGING III *LATEN* ZIJN

1.36 Inleiding laten zijn

Wanneer de subsisterende eenheid van de godsgeboorte in de ziel in verband is gebracht met het Geviert rest de specifieke eenheid van ding en denken. Met name de ervaring die bij de samenwerking tussen dingen en denken hoort vraagt erom uitgediept te worden. Wanneer deze eenheid overspringt naar de wereld komt het verband van één-zijn naar voren vanuit een ervaring van rust en volte. De immanente subsistentie slaat via een houding van afgescheidenheid over naar de ziel. Vervolgens maakt de ziel een transcenderende beweging die in het woord gelatenheid vervat zit. 'Het belangrijkste verschil tussen *abegescheidenheit* en *gelâzenheit* is dat het laatste niet noodzakelijk op transcendentie is betrokken, het eerste wel.'[190] De tere en fijne eenheid tussen godheid en ziel gelijkt bezien, vanuit de wereld, een niets. Echter, het heeft wel degelijk een werking, een uitwerking in de dingen. Hoe dit werken als niet-werken in elkaar steekt wordt duidelijk in het onoverganklijke derde structuurmoment van gelatenheid: het zijn laten. Het gelaten zijn van de mens wordt in wat volgt als een ervaring van rust en volte opgevat die, in verband kan worden gedacht met de ontmoeting tussen het wezenlijke denken en het ding bij Heidegger. Het gebeuren van afgescheidenheid dat tot nu toe als een loslaten en overlaten is beschreven slaat over op een ontmoeting tussen het ding en het denken waarin het leven in termen van laten kan worden ervaren.

In deze beweging zal allereerst de ontmoeting met de dingen bij Eckhart vanuit de optiek van Gerard Visser worden belicht. Er wordt een conclusie bereikt over de werkzaamheid van gelatenheid vanuit Eckhart vanuit het pleidooi voor een herwaardering van het innerlijk bij Visser. Van daaruit kan het ding anders worden benaderd en via Heidegger als een bij-zijn worden uitgewerkt. Vanuit deze ontmoeting met een ding komt een oorspronkelijk één-zijn met de wereld dichterbij. Het ding wordt als plaats voor het gebeurende zijn benaderd.

---

190 Vgl. Visser. *Gelatenheid*, 216-219.

1.37 Laten zijn: Loslaten en overlaten

Na de bespreking van het niets in het loslaten volgt er in het structuurmoment van overlaten een uiteenzetting met het concept van subsisterende eenheid. In een uitleg van deze eenheid aan de hand van de metafoor van vruchtbaarheid is tot voor kort nog voorbij gegaan aan een opmerkelijke gedachte bij Eckhart. In *Intravit Jesus in quoddam castellum* wordt er door Eckhart namelijk met opzet gesproken over 'Een maagd die vrouw is'.[191] De maagdelijkheid, dat wil zeggen de ontvankelijkheid van een leeg gemoed, wordt in de versmelting van godheid en de ziel vruchtbaar. Het is echter niet zo dat de zijnswijze van maagdelijkheid door deze gebeurtenis van eenheid, waarin zij vrouw wordt, wordt opgeheven. In de preek blijkt de ziel de twee zijnswijzen, vrouw-zijn en maagd-zijn naast elkaar te belichamen. De leegte die omarmd wordt in de mystieke dood wordt niet uitgewist in de eenheid en volte van de godsgeboorte in de ziel. Leegte, het niets en volte, de eenheid van de maagdelijkheid en het vrouw-zijn blijken zich onbemiddeld tot elkaar te verhouden. Dienovereenkomstig worden ook loslaten en overlaten opgevat als twee kanten van dezelfde munt. Er wordt in deze ervaring van eenheid een rust, een ruimte ervaren waardoor datgene wat tegemoet treedt in de wereld wezenlijk ontvangen kan worden. De eenheid is een beschermde omgeving voor een leegte die de dingen als dingen tegemoet kan laten treden. Het loslaten en het overlaten zijn deel van één grote beweging die *zijn laat*.[192]

Er bestaat nog een tweede preek met de titel *Intravit Jesus in quoddam castellum*. In de eerste worden de concepten van het burchtstadje en vruchtbaarheid aangehaald. In de tweede preek wordt het verschil tussen de personen Martha en Maria geïnterpreteerd. Eckhart prijst Maria, omdat ze aan de voeten van Jezus zit en volledig vervuld is in de afgescheidenheid van de ziel.

---

191 Eckhart. *Over God wil ik zwijgen*, 73. Vgl. 'Een maagd die vrouw is, vrij en niet aan eigenbelang gebonden, is aldoor God even nabij als zichzelf. Zij brengt veel vrucht voort en die zijn groot, even groot als God zelf is. Deze vrucht en deze geboorte brengt zij als maagd en vrouw voort en zij brengt alle dagen honderd of duizend maal vrucht voort en toch zonder tal voortbrengend en vruchtbaar worden vanuit de alleredelste oergrond.'

192 Visser. *Gelatenheid*, 182-183.

Ze heeft enkel oog voor Jezus. Maar boven de *vita contemplativa* en de bijbehorende staat van vervoering van Maria prijst Eckhart de *vita activa* van Martha, die in de zorgende omgang met de dingen het terugbaren van de dankbaarheid in verhouding tot de wereld in praktijk brengt. [193] Dat is een omgekeerde interpretatie van de gebruikelijke uitleg die aan deze tekst verleend wordt. In deze Bijbeltekst bezoekt Jezus het huis waar de vrouwen wonen en zegt daar als antwoord op Martha's vraag of Maria haar niet zou moeten helpen, het volgende: 'Martha, Martha, gij maakt u bezorgd en druk over vele dingen, maar weinige zijn nodig of slechts één; want Maria heeft het goede deel gekozen, dat van haar niet zal worden weggenomen.'[194] Meestal wordt Maria's niet-handelen hier boven de bezorgde omgang met de dingen van Martha geplaatst. Echter, Eckhart draait het om en stelt dat Martha's zorg voor zowel Maria en de dingen de gerijpte versie is van de overgave van Maria. [195] Hier wordt het bezorgd-zijn als een positief fenomeen bestempeld dat daardoor direct connotaties met Heideggers' begrip van zorg uit *Sein und Zeit* oproept.[196] 'Eckhart stelt naar aanleiding van deze bezorgde verhouding: 'Du stehst *bei* den Dingen, nicht aber stehen die Dinge *in dir*. Die aber stehen besorgt, die in allem ihrer Tun *unbehindert* stehen.' [197] Het zorgen-voor krijgt affiniteit met het vermogende denken en het wonen van de sterveling, omdat het een vrij-zijn, namelijk een ongehinderd bij-staan, verbindt met een zorgzame omgang met de dingen.

De werkzaamheid en het handelen die bij gelatenheid horen zijn voor Eckhart minstens zo waardevol als het vertoeven in de eeuwigheid van de godsgeboorte in de ziel: 'Und dabei ist Wirken in der Zeit ebenso adlig wie irgendwelches Sich-in-Gott-Versenken; denn es bringt uns ebenso nahe heran wie das Höchste, das uns

---

193 Vgl. Visser. *Gelatenheid*, 231.

194 Lucas 10: 41-42.

195 Waarschijnlijk is deze preek gegeven ter gelegenheid van de feestdag van de heilige Martha. Wellicht is dit een van de redenen voor Eckhart om Martha's ethische handeling te verkiezen boven het mystieke vervuld-zijn van Maria.

196 Vgl. Heidegger. *Sein und Zeit*, 191-196 (§41).

197 Eckhart. Predigten & Traktate II, 217.

zuteil werden kann [...]'[198] Het handelen van Martha heft het één-zijn van de vervoering van Maria niet in haar praxis op. In Martha is de maagd vrouw geworden én draagt zij vrucht vanuit 'de edelste oergrond' tot in elke dagelijkse handeling. Het zijn-bij de dingen, betekent dat de dingen in een nabijheid worden ervaren waarin ze niet in bezit hoeven worden genomen. Een ontmoeting met de wereld in dit gelaten-zijn gebruikt de dingen niet op, maar geeft een ervaring zoals die bij Heidegger met betrekking tot de kruik is beschreven de volledige ruimte. Een ervaring van de openbaring van het zijn dat verborgen ligt in de ontmoeting met ieder ding is een oefening van waaruit alle dingen uiteindelijk kunnen worden gelaten wat ze zijn.

Dat heeft invloed op de manier waarop dingen nu kunnen worden opgevat. Visser vraagt zich af: 'Maar moet een vrij gemoed dan niet de mogelijkheid betekenen niet alleen God, maar ook de dingen, als het die in God ervaart, van hun substantialiteit, hun waarom te ontdoen? Niet alleen God, maar alle dingen naakt, zonder doel, zonder waarom te nemen?'[199] In de preek Omnibus requiem quaesivi, zo beargumenteert Visser, wordt rust als de ervaring van één-zijn en volte in God overgedragen op het zijn van de schepselen in hun werken.[200] Het baren dat een beeld is voor de eenheid en volte die de werkzaamheid van God uitmaakt slaat, in het terug-baren van de godsgeboorte in de ziel niet alleen over op de zielsgrond, maar werkt door tot in de zijnswijze van de dingen. Met andere woorden, Martha treedt in contact met de dingen in de wereld zoals ze in wezen al zijn. Het soort rust dat kenmerkend is voor de zijnswijze van gelatenheid wordt zichtbaar in de dagdagelijkse ervaring, in een wijze van werken van handelen die nog steeds het beste als de rust van een niet-werken kan worden

---

198 Eckhart. Predigten & Traktate II, 221.

199 Visser. *Gelatenheid,* 182-183.

200 Vgl. Visser. *Gelatenheid,* 181-182. Verwijzend naar deze preek komt Visser tot de conclusie dat de ervaring van het één-zijn een rust is die naar een bepaalde opvatting van vervulling, van een volte verwijst. Hij beroept zich op een kommentaar van Largier bij deze passages waarin rust als volgt wordt geargumenteerd: 'Die Ruhe bezeichnet die Einheit und Fülle Gottes als absoluter, von jeder naturhaften Verursachterqualität freigehaltener Ursprung [...].' Eckhart. *Predigten & Traktate I,* 1089.

uitgelegd. Martha maakt de dingen niet tot wat ze zijn door haar gelaten handelen, ze krijgt toegang tot de dingen zoals ze zijn door dit handelen.

1.38 De dingen goddelijk leren nemen

De rust van de ervaring van één-zijn die door de godsgeboorte in de ziel gebeurend plaatsvindt levert een bepaalde opvatting van de dingen op. Visser vervat dit in een treffende uitspraak geïnspireerd op een passage uit Eckharts' Reden der Unterweisung in de volgende uitspraak: 'Alle dingen voor goddelijk leren nemen wil zeggen, optimaal en affirmatief voeling met heel het leven zien te krijgen.'[201] Eckhart zegt over de dingen in de wereld zowel dat ze niets zijn, als ook dat we ze voor goddelijk moeten leren nemen. Uit het voorgaande moet blijken dat deze twee uitspraken overeenstemmen met het duplex esse rerum, maar ook dat er een doorbreken van de ontologische differentie in besloten ligt waar de ervaring van de dingen van een niets, naar iets goddelijks, iets vols overgaat. 'De dingen voor goddelijk leren nemen, betekent de stroom van Gods zelfmededeling in hen leren ervaren.'[202] Visser zegt hier; ervaren. De ervaring van rust komt voort uit de ervaring van een doorbreken van de ontologische differentie in de oefening van het één-zijn. Het is bij Eckhart geen optie om zich zomaar terug te trekken uit het leven.

> [D]azu gehört Eifer und Hingabe und ein genaues Achten auf des Menschen Inneres und ein waches, wahres, besonnenes, wirkliches Wissen darum, worauf das Gemüt gestellt ist mitten in den Dingen und unter den Leuten. Dies kann der Mensch nicht durch Fliehen lernen indem er vor den Dingen flüchtet und sich äußerlich in die Einsamkeit kehrt; er muß vielmehr eine innere Einsamkeit lernen, wo und bei wem er auch sei. Er muß lernen, die Dinge zu durchbrechen und seinen Gott darin zu ergreifen […][203]

Bij Eckhart betekent de omslag naar een gelaten zijn in de wereld dat uit de godsgeboorte in de ziel voortkomt dat alle dingen *in* God

---

201 Visser. *Gelatenheid*, 225.

202 Visser. *Gelatenheid*, 227.

203 Eckhart. Deutsche Predigten und Traktate, 61.

worden gekend en dientengevolge als gave worden ontvangen: 'Een bloem in God, een steen in God, een brug in God; maakt het in God gekend zijn, het door het substantieloze van de godheid omvangen zijn, niet ook een einde aan het substantiële en de daarop gebaseerde hiërarchie van het geschapene?' [204] Het 'in God' kan worden begrepen als de weg die het gemoed naar de dingen aflegt via een houding van afgescheidenheid. Martha heeft de dingen goddelijk leren nemen in haar bezorgde omgang met hen. In haar gelaten verhouding tot de dingen wordt een werkzaamheid zichtbaar die door Visser wordt verdiept door het verschil tussen een handelen vanuit een gelaten houding en een handelen vanuit een eigenwillige houding ontologisch te expliciteren.

Over de laatstgenoemde verhoudingswijze moet kort worden uitgeweid: Deze omgang met de dingen neemt ze als substanties waar vervolgens enkel eigenschappen aan kunnen worden toegekend. In deze opvatting ligt een instrumentalistische, berekenende blik op de dingen altijd op de loer en dreigt de mens enkel gebruik te kunnen maken van zijn omgeving. Het resultaat ervan is dat de dingen worden opgebruikt; wanneer de opsomming van eigenschappen is gemaakt verliest een ding zijn glans. Een ervaring, *elke* ervaring wordt gereduceerd tot een kortstondige, vluchtige blik. Visser kenmerkt deze zienswijze, die aansluit bij de eigenwilligheid van de ziel, als een *ontisch-substantiële* opvatting van de dingen in de wereld. Een gelaten omgang met de dingen staat daartegenover en wordt door Visser een *ontologisch-gebeurlijke* opvatting van de dingen genoemd.

De enige weg voor de mens om een gelaten bril op te zetten lijkt mogelijk via het concept van het lege gemoed: '[J]uist de innerlijke *bewogenheid* van het gemoed leert dat deze ontisch-substantiële zienswijze tekortschiet.'[205] Visser stuit in zijn zoektocht naar een herwaardering van een affectieve dimensie op een werkzaamheid van een innerlijk domein, die vanuit de grond van het niets opkomt om er telkens in terug te vloeien. Deze oorspronkelijke soort bewogenheid roept terecht kritische vragen op, maar er lijkt ook direct duidelijk dat een herwaardering van dit

---

204 Visser. *Gelatenheid,* 188.

205 Visser. *Gelatenheid,* 219. Cursivering toegevoegd.

domein nodig is, omdat het onterecht in vergetelheid is geraakt. De specifieke werkzaamheid van een afgescheiden levenshouding wordt pas duidelijk in een gelaten *praktiseren* van deze mystieke geboorte. Dat wat binnen, in een afgeschermde ervaring van volte plaatsheeft, is nooit bedoeld om alleen binnen te blijven.

De titels van de hoofdstukken van deel II in dit onderzoek dragen niet voor niets de naam *beweging*. In het woord beweging wordt een kenmerk van gelatenheid gevangen dat de ontologisch-gebeurlijke dimensie van de taal die haar kenmerkt benadrukt: 'Ten aanzien van beweging beschikken wij sinds lang slechts over het alternatief van activiteit en passiviteit, werkzaamheid en lijdzaamheid, inwerken op en ondergaan. Aan deze taal van het werken ligt een uitwendige ontologie ten grondslag die leven en zijn reduceert tot zijnde dat inwerkt op zijnde of kracht die inwerkt op kracht.'[206] Bij Visser wordt er vanuit de mystiek-filosofische teksten van Eckhart een domein van handeling geopend dat voorbij gaat aan de scheiding tussen innerlijke en uiterlijke beweging. In de drie structuurmomenten van gelatenheid vinden de innerlijke bewegingen van afgescheidenheid aansluiting in een handelen dat in het teken staat van het *laten*. '[U]it deze afgescheidenheid komt het 'waardevolste handelen' voort, *handelen zonder waarom, handelen gedragen door een leegte die zijn laat.'*[207]

Een ruimte van waaruit de dingen naar voren kunnen treden in hun zijn en niet enkel in het licht van hun bruikbaarheid, dat is wat gelatenheid 'bewerkstelligd'. Daardoor wordt de leegte die Visser hier benoemd een klankkast, een bepaalde opvatting van ruimte die kan resoneren. De ervaring van volte en de rust resoneren in deze klankkast en werken door tot in de ontmoeting met de dingen. Het soort innerlijkheid die Visser hier beschrijft is voor dit onderzoek voornamelijk van waarde als subsisterende verhoudingswijze ten opzichte van de wereld. Het laat iets zien van de ervaring van één-zijn die in de bewegingen van de deelnemers, zowel de toeschouwers als het opgevoerde, kan worden beoefend. Het is juist door een beweging van loslaten en overlaten, waardoor de toeschouwer als theoros zich kan laten opnemen in het verband van

---

206 Visser. *Gelatenheid,* 218-219.

207 Visser. *Gelatenheid,* 230.

een voorstelling als Enfant. Het bezorgende bij-zijn van Martha kan worden beoefend in de aanwezigheid bij een voorstelling. Er wordt van de toeschouwer gevraagd zijn eigen veronderstellingen over te geven aan het ritme van het gebeuren om dit gebeuren mogelijk te maken.

1.39 Ervaring van één-zijn

Het resultaat van een gelaten zijn is een ontmoeting tussen mens en de dingen die niet langer in het teken staat van een eindeloze zucht en verlangen naar meer ervaringen. De eindeloze verzameldrift van belevingen die uit de crisis van metafysica voort is gevloeid lijkt ook Eckhart niet vreemd. In de preek *Dum Medium Silentium* is het net of precies deze problematiek wordt gekoppeld aan het probleem van het medium, het mediale. 'Want zodra de mens de hoedanigheid van de dingen kent, is hij ze moe en zoekt hij weer iets anders om te ervaren, en terwijl hij er steeds hevig naar verlangt die dingen te kennen, wil hij zich toch niet blijvend daarop richten, daarom: het ongekende kennen, dat houdt de ziel blijvend op zich gericht en dat jaagt zij na.'[208] Er wordt in deze preek gerefereerd aan de geboorte van de ziel als een soort niet-kennen. De volgende tekst uit het apocriefe Bijbelboek Wijsheid die in de preek als uitgangspunt wordt genomen zet de aard van dit niet-kennen en de werkzaamheid ervan op scherp: 'Toen alle dingen zich midden in het zwijgen bevonden en de nacht in haar loop op het midden van haar baan stond, kwam van bovenaf, van de koninklijke troon, een verborgen woord in mij neer.'[209] Er wordt hier gesproken over de geboorte van het 'woord' in analogie tot de idee van een godsgeboorte in de ziel. Dit beeld van de geboorte wordt vervolgens met nadruk op de woorden 'zwijgen' 'nacht' en 'verborgen' in ogenschouw genomen.[210] De manier waarop de godheid en de ziel één worden in de godsgeboorte wordt voorgesteld als een ontvankelijkheid van de ziel voor een verborgen Woord dat God spreekt. Vervolgens wordt daardoor duidelijk dat de manier waarop God zijn woord in de ziel spreekt een onbemiddelde weg beschrijft.

---

208 Eckhart. Over God wil ik zwijgen, 45.

209 Eckhart. Over God wil ik zwijgen, 37. Vgl. Wijsheid 18: 14.

> Al het werk wat de ziel verricht, verricht zij met de krachten. Bij al haar verrichtingen naar buiten toe gebruikt zij een middel. Maar in het zijn is geen verrichting, want de krachten waarmee zij werkt vloeien weliswaar uit de grond voort, maar in de grond is het middel zwijgen, hier is enkel rust en een woonstee voor deze geboorte en voor dit werk, namelijk dat God de Vader daar Zijn woord spreekt [...][211]

Is er hier sprake van een onbemiddelde bemiddeling? Dat lijkt zeker zo wanneer Eckhart verderop bemerkt dat het spreken van God van deze aard is: '[E]n dan spreekt Hij Zijn woord en zichzelf in de ziel uit, en niet een beeld, maar zichzelf.'[212] De eenheid tussen godheid en de ziel is het resultaat van een zijnsgebeuren en de breuk of de sprong die deze geboorte kenmerkt geeft daar gewag van. Het medium voor die sprong is een niet-bemiddeling, het niets ofwel een leegte in de ziel. Wat echter het meest opvalt aan deze onbemiddelde bemiddeling is de uitwerking die het heeft. Eckhart geeft een antwoord op de vraag wat God bewerkstelligt 'zonder beeld in de grond en in het zijn'.[213] Het antwoord is dat dit niet-te-weten, onkenbaar is en dat in de verborgenheid die daaruit voortkomt een andere verhoudingswijze tot de dingen ligt besloten. Het Woord van God is in zijn verborgenheid, zijn niet-kenbaarheid aantrekkelijk voor de ziel: 'Kijk, daarom moet en zal men het achterna lopen, zolang het verborgen is. Het lichtte op en was toch verborgen, dat betekent dat we ernaar zuchten en hunkeren.'[214] Deze zucht en hunkering is voor Eckhart verkiesbaar boven het verlangen dingen direct en in hun onmiddelijkheid te doorgronden, omdat deze kenbaarheid de mens uiteindelijk slechts vermoeit en verveelt. De mysterieuze komst van een verborgen woord echter houdt de mens op zijn tenen: 'Het verbergt zich en vertoont zich toch; maar het komt als een dief, en dat betekent dat het aan de ziel alles wil ontnemen en ontstelen. Maar door zich een beetje te vertonen en te openbaren wil het de ziel prikkelen en haar achter zich aan trekken

211 Eckhart. Over God wil ik zwijgen, 39.

212 Eckhart. Over God wil ik zwijgen, 43.

213 Eckhart. Over God wil ik zwijgen, 44.

214 Eckhart. Over God wil ik zwijgen, 45.

en haar van zichzelf beroven en aan zichzelf ontstelen.'[215] Deze prikkeling van de ziel wordt meer in detail besproken met betrekking tot de ervaring van versmelting tussen de grond van de ziel en de godheid in Beweging II. Echter, in dit verband gaat het erom dat een ontmoeting met de dingen vanuit gelatenheid, in de deelname aan het gebeuren van het Geviert, onbemiddeld plaatsheeft. Elk ding laat het Geviert op zijn eigen wijze gebeuren, maar in de grond is het gebeuren onbemiddeld.

1.40 Dingen en denken in gelatenheid

In de laatste paragraaf zal de aard van de verhouding tussen denken, het ding en gelatenheid worden uitgewerkt met het oog op de verhouding tussen het denken en performance zoals die in 1.14 via het concept van de toeschouwer als theoros naar voren is gebracht.

Allereerst komt voor het eerst Heideggers' opvatting van gelatenheid naar voren. In *Gelassenheit* publiceerde Heidegger een essay waarin de nadruk uiteindelijk kwam te liggen op een zeker zijn-bij dat gelijkenis vertoont met de manier waarop dat hierboven aan de hand van de tekst rond Martha en Maria is uitgewerkt. Over het essay in kwestie, 'Zur Erörterung der Gelassenheit', wordt gezegd dat het een dialoog is dat in 1944/45 werd opgeschreven. Het gesprek vindt plaats tussen een leraar (*Lehrer*), een onderzoeker (*Forscher*) en een geleerde (*Gelehrten*) en gaat over de vraag wat het wezen van de mens, dat wil zeggen, het wezenlijke denken, inhoudt. De drie komen al snel bij het concept gelatenheid terecht. De titel van het essay geeft een knipoog naar datgene wat er in gelatenheid gezocht wordt. De invalshoek van de verhandeling (*Erörterung*) licht op wanneer het woord *Ort* eruit naar voren wordt gehaald. Het gaat dan ook voornamelijk over gelatenheid als een specifieke verhoudingswijze en daarbij aansluitend als een specifiek soort 'ruimtelijke' verhouding tot de dingen. Het tot nu toe behandelde concept van gelatenheid als een loslaten en overlaten krijgt een proef op de som wanneer het daadwerkelijk om een gelaten zijn, een gelaten in-de-wereld-zijn gaat. Aan het einde van de tekst komen de drie uit bij de specifieke verhouding tussen het concept van plaats

---

215 Eckhart. Over God wil ik zwijgen, 46.

(*Ort*) en ruimtelijkheid (*Raum*) ten opzichte van gelatenheid.[216] De dialoog eindigt bij een fragment van Heraclitus dat slechts uit één woord bestaat; *Agchibasien*. Dit woord is ook de titel van het ongepubliceerde eerste deel van het gesprek.[217] Het wordt vertaald met de Duitse woorden *herangehen* en vervolgens, meer adequaat met *nahegehen*. *Herangehen* kan namelijk worden opgevat als een ontisch-substantiële benadering van de wereld ten opzichte van het voorzichtige, ontologisch-gebeurlijke benaderen dat in *nahegehen* doorklinkt.[218] Als zulks is het een goed voorbeeld van de manier waarop Heidegger hier over gelatenheid te spreken komt. Uit het concept van nabijheid spreekt een intimiteit die op een affiniteit met het bij-zijn van theoros wijst. De nabijheid die bij het onbemiddelde bij-zijn van gelatenheid hoort wordt in latere voordrachten als een verzamelend vermogen op begrip gebracht. Dit verzamelende vermogen komt overeen met de gemeenschappelijke oorsprong van het denken en het dichten: *Gedächtnis*.

---

216 Vgl. Ohashi. *Extase und Gelassenheit*, 131-134. Ohashi wijst in zijn uiteenzetting met dit essay expliciet op de titel en de verbondenheid van Gelassenheit met het concept 'Ort'. Dit concept wordt ook daar verbonden met een zekere ervaring van rust die word verbonden met een verhoudingswijze tot de dingen. Verder op merkt Ohashi daarover aan: 'Ruhe und Bewegung sind, wie Nähe und Ferne [...], im Grunde das "Selbe". Bewegung ist in sich die Ruhe und die echte Ruhe versammelt die Bewegung.' (p.44) In dit citaat komt de verhouding van één-zijn als een rustend bij-zijn naar voren die de beweging van gelatenheid beschrijft. Door dit niet-doen wordt er iets bewogen. Op het tweede begrippenpaar dat Ohashi noemt wordt later in deze paragraaf teruggegrepen.

217 Ohashi. Extase und Gelassenheit, 136.

218 Vlg. Heidegger. *Gelassenheit*, 71-73. Het woord *herangehen* wordt omschreven als een woord waardoor duidelijk gemaakt kan worden dat 'die naturwissenschafliche Forschung so etwas wie ein Angriff auf die Natur ist', terwijl het wezenlijke denken vanuit gelatenheid als een zeker wachten wordt benaderd, als het bewandelen van een weg die als een beweging in rust wordt gemaakt. Vgl. p. 47: 'G: Von hier aus wird mir plötzlich klarer, inwiefern die Bewegung aus der Ruhe kommt und in die Ruhe eingelassen bleibt. L: Die Gelassenheit wäre dann nicht nur der Weg, sondern die Bewegung.'

1.41 Denken als verzameling

Terugkomend op paragraaf 12 waar de relatie tussen denken en dichten aan de orde kwam wordt hun oorsprong *Gedächtnis* in 'Was heißt Denken?' als een verzamelend vermogen, een concentratie van het denken, voorgesteld, omdat '[D]as gesammelt bleibt auf das, woran im voraus schon gedacht ist, weil es allem zuvor stets bedacht sein möchte.' [219] Het gaat hier om een opvatting die overeenkomt met het vermogende denken. Dit soort denken wordt voorgesteld als een in-eentrekkende beweging richting datgene waarop het zich betrekt, zodat deze uiteindelijk een openheid voortbrengt die zo intensiveert dat het zich-terugtrekkende zijn zich erin kan ophouden. Zo kan het denken deelnemen aan een voorbereiding, die dat wat het meest denkenswaardig is aantrekt en zijn komst voorbereidt.

Het meest denkenswaardige van het na-denkende denken wordt teruggevonden in het '*bisherige Denken*', waar het denken als deel van het verzamelende vermogen *Gedächtnis,* de woorden van oude leermeesters steeds opnieuw opneemt. Dit 'opnieuw opnemen' kan in termen van een gelaten-zijn worden uitgelegd als een in nabijheid brengen van iets. Het zijn dat in vergetelheid is geraakt houdt zich als het ware in deze woorden op, want wat is vergetelheid anders dan de verborgenheid van iets wat zich schuilhoudt?

Het na-denkende denken is zo bezien geen *nieuw* soort denken. In een brief aan William J. Richardson verwoordt Heidegger het als volgt: 'Diese mehrfältige Denken verlangt zwar keine neue Sprache, aber ein gewandeltes Verhältnis zum Wesen der alten.'[220] Een andere verhouding tot het oude denken van het zijn, dat is wat nodig is om niet meer de kloof van ontologische differentie te benadrukken,

---

219 Heidegger. 'Was heißt denken?', 131.

220 Heidegger. In: Richardson. *Heidegger: Through Phenomenology to Thought,* xxiii. Vgl. In deze brief aan William J. Richardson schrijft Heidegger ook over het woord vergetelheid: 'Denn die Vergessenheit muß griechisch als Entzug in die Verbergung gedacht werden.' (xiii) Oftewel, de zijnsvergetelheid betekent niet zozeer het verdwijnen van het zijn uit de wereld, als wel het terugtrekken van het zijn uit de ontslotenheid (werelden wereld) in verborgenheid.

maar juist het gebeurende 'walten' van het zijn in het denken voor te bereiden.

Het verzamelen is dat wat het denken als vernemen – als de tastzin van het zijn – vermag. Het is de mogelijkheid voor de komst van het zijn. Het denken als vernemen maakt mogelijk dat de oorspronkelijke zijnsverhouding van Mnemosyne, waarin Gedächtnis als verzameling van openbarende vermogens verborgen ligt, wordt geopenbaard. Het kan de komst ervan niet dwingen, maar het kan wel ingaan op de uitnodigingen die het doet. Het verneemt in het bisherige denken iets wat nog verborgen is en legt zich erop toe het te kunnen proeven. Het proeven getuigt van een tactiele intimiteit waarin iets tot aanwezigheid wordt uitgenodigd. Het na-denkende denken is een beweging die de dingen bij-zich uitnodigt en zich op deze dingen toelegt door ze bij zichzelf naar binnen te roepen. De voorbereiding is een bereidheid de eigenheid van het denken, de eigenwilligheid ervan op te geven om op te gaan in het één-zijn met de dingen. Het is een bereidheid het ding nabij te zijn.

1.42 Het ding als verzameling

Het verzamelende vermogen van het denken, dat de verhandeling over *Gedächtnis* doet oplichten geeft geen direct antwoord op de vraag waar dit denken zich op betrekt. Er worden suggesties gedaan door te spreken over het meest denkwaardige, maar de vraag blijft. 'Die Wesensherkunft des Seins des Seienden ist ungedacht. Das eigentlich zu-Denkende bleibt vorenthalten.' [221] Bezien vanuit Heideggers' ontwikkeling van het concept ding gebeurt er iets anders met het concept verzameling. Wanneer Heidegger in 'Das Ding' en in 'Wohnen, Bauen, Denken' over het verzamelen te spreken komt doet hij dit vanuit een ander oogpunt, dan het denken vanuit het ding. De in de voorgaande beweging gebruikte tekst 'Was heißt Denken?' betreft een herwerking van de collegereeksen die hij onder dezelfde naam voor de radio heeft gegeven gedurende de winter van 1951 tot aan de zomer van 1952. Daarvoor nog, in juni 1950 geeft hij de lezing 'Das Ding' aan de Bayerische Akademie der Schönen Künste en daarop inhakend houdt hij een jaar later in

221 Heidegger. 'Was heißt Denken?', 137.

augustus 1951 een lezing over wonen, bouwen en denken in het kader van de tweede editie van de *Darmstädter Gespräche* met het thema 'Mensch und Raum'. Deze voordrachten vinden plaats in een kader waarbinnen *Gedächtnis* opgevat als vernemend vermogen met betrekking tot andere media dan het denken, namelijk die van de kunsten en het bouwen wordt besproken. Het is belangrijk om de verwantschap tussen deze voordrachten aan te wijzen in het kader van de ontwikkeling van het concept van het bij-zijn.

In 'Das Ding' wordt er zoals in Beweging II aan de orde is gekomen over een specifiek ding, namelijk de kruik gesproken. Vervolgens echter, richt Heidegger zich, nadat de verhoudingswijze tussen kruik en Geviert aan de orde is gekomen specifiek tot het concept ding. Hij merkt op dat het Oudhoogduitse woord voor *Versammlung, thing* is. Het ding als verzameling duidt op een verhoudingswijze van het ding tot de mens als sterveling. 'Wohl bedeutet das althochdeutsche Wort thing die Versammlung und zwar die Versammlung zur Verhandlung einer in Rede stehende Angelegenheit, eines Streitfalles.' [222] Het ding is binnen deze verhoudingswijze iets wat de mens als sterveling aangaat, wat van belang is, kortom iets wat 'in Rede steht'. Het wordt hier opgevoerd als een 'strijdtoneel', als een plaats waar iets gebeurt wat met de gewone gang van zaken breekt. Het verzamelen van een ding beschrijft de manier waarop in een specifiek ding, het Geviert op een specifieke manier op het spel wordt gezet, tot gebeuren wordt verleid. Het ding is geen object of simpelweg een substantie met eigenschappen en afmetingen, maar een plek waar de ernstige viering van het Geviert zich geborgen weet en daardoor tot gebeuren komt. Het gebeurende Geviert is het werelden van wereld; het ding is de plaats waar het Geviert zich verzamelt en waar het vervolgens kan verblijven. 'Das Ding dingt. Das dingen versammelt. Es sammelt, das Geviert ereignend, dessen Weile in ein je Weiliges: in dieses, in jenes Ding.'[223]

In 'Bouwen, Wonen, Denken' wordt duidelijker wat met dit verzamelen van het ding wordt bedoeld wanneer het voorbeeld van een brug wordt aangehaald. 'Die Brücke ist freilich ein Ding *eigener*

---

222 Heidegger. 'Das Ding', 167.

223 Heidegger. 'Das Ding', 166.

Art; denn sie versammelt das Geviert in *der* Weise, daß sie ihm eine Stätte verstattet'[224] Nadat Heidegger het wonen heeft omschreven wordt er verder ingegaan op het bouwen dat deel uitmaakt van het wonen. De brug fungeert in dit kader als een bouwsel. Wat het bouwen toont is de manier waarop een ding *op geheel eigen wijze*, de brug als brug en de kruik als kruik, een plaats is waar het Geviert in verzameld kan worden. Wanneer het Geviert door de dingen naar voren treedt, gebeurt dat op een manier die geheel bij een gelaten verhoudingswijze past. De brug wordt *een gewijde plaats*, hij wordt een tempel waarin het Geviert zich samenbald, zich geborgen weet als in het burchtstadje, maar waarin het vervolgens ook ontsloten wordt voor een denken dat deelneemt aan het verzamelende zijn van het ding. Het wonen is een zijn-bij de dingen, een vrijgave van een specifiek ding op zijn dingheid. Deze dingheid is het vermogen het Geviert van een plaats te voorzien zodat het kan gebeuren.

Vanuit dit denken van het ding wordt het mogelijk iets voor te stellen bij Eckharts' uitspraak dat we de dingen goddelijk moeten leren nemen. De verhoudingswijze van ding, Geviert en wereld wordt in deze voordracht in termen van een bij-zijn, de eerdergenoemde nabijheid en de voorbereiding van een plaats voor het Geviert vervat. De dingen zijn plaatsen (*Orte*), waar het Geviert van een geheiligde plaats kan worden voorzien (*Stätte*). 'Diese Dinge sind Orte, die dem Geviert eine Stätte verstatten, welche Stätte jeweils einen Raum einraümt.'[225] In de onderschikking van het concept van ruimtelijkheid aan de geheiligde plaats die het ding voor het evenement van het Geviert inruimt wordt een hardnekkig kenmerk van het berekenende denken bij de kraag gevat. Heidegger noemt dit de afstandsloosheid van het voorstellende denken. De verhoudingswijze van de dingen wordt in dit denken bemiddeld door deze te meten in concepten van hoogte, breedte en diepte. Er wordt een ontisch-substantieële benadering gebezigd. Echter: 'Doch der Raum ist kein Gegenüber für den Menschen. Er ist weder ein äußerer Gegenstand noch ein inneres Erlebnis.'[226] De verhouding van het ding tot de mens is geen tegenstrijdige, geen *herangehende*

224 Heidegger. 'Wohnen, Bauen, Denken', 148.

225 Heidegger. 'Wohnen, Bauen, Denken', 149.

226 Heidegger. 'Wohnen, Bauen, Denken',151.

verhouding tussen een object met eigenschappen of een strikt innerlijk beeld. Niets is zo platgeslagen geworden als 'de ruimte', die in deze mathematische benadering nog slechts in een doodse uitgebreidheid wordt vervat en door de psychologie tot een tweedimensionale collectie beelden is gereduceerd. Sterker nog, er bestaat helemaal niet zoiets als 'de' ruimte. Heidegger gaat met zijn beschrijving van de brug rechtstreeks tegen deze opvattingen in: 'Man kann dieses mathematisch Eingeräumte 'den' Raum nennen. Aber 'der' Raum in diesem Sinne enthält keine Räume und Plätze. Wir finden in ihm niemals Orte, d.h. Dinge von der Art der Brücke.'[227] De ontologisch-gebeurlijke zin van de ontmoeting tussen dingen en stervelingen wordt binnen deze berekenende denktrant volledig over het hoofd gezien. In de drie bewegingen van gelatenheid wordt de nabijheid en afstand (*Nähe & Ferne*) met betrekking tot het ding van een andere orde voorzien. Die andere orde van zijn kan worden gevonden in een gelaten zijn, dat als het wonen van de stervelingen op aarde een zijn-bij de dingen inhoudt. Op een bepaalde manier is de mens, oorspronkelijk, namelijk altijd al in-de-wereld, *bij* de dingen. Het is dan ook niet zo dat gelatenheid een pak is, of een reeks gedachten die je zomaar aan kunt trekken. In deze voordracht wordt vanuit het ding een sterk pleidooi voor deze opvatting gegeven doordat de ommekeer van de opvattingen rondom ruimte vanuit de verhoudingswijze van ding en *Geviert* wordt benaderd.

Wanneer het ding vanuit een gelaten zijn tegemoet wordt getreden wordt duidelijk hoe het is en komt daardoor het concept 'ruimte' als iets geheel anders naar voren. Het idee van éénheid dat in het Geviert vervat ligt en het werelden van de wereld inhoudt, krijgt een uitgeklede dimensie in het bij-zijn van gelatenheid. Er wordt een domein van leven geopend waarin de bewegelijkheid van deze éénheid handen en voeten krijgt. De sterveling woont, het denken wordt gelijk aan een danken dat verwantschap blijkt te hebben met kunst en bouwen, de ruimte wordt ingeruimd door handelingen die in het teken staan van rust. De ruimte wordt door het ding als gewijde plaats een plek waar de mens wonend aanwezig kan zijn-bij. 'Der Ort läßt das Geviert zu und der Ort

227 Heidegger. 'Wohnen, Bauen, Denken',150.

richtet das Geviert ein. […] Als das zwiefache Einräumen ist der Ort eine Hut des Gevierts oder wie dasselbe Wort sagt: ein Huis, ein Haus.' Het ding als verzamelde plek is een huis waarin gewoond kan worden.

1.43 Een kleine conclusie van gelatenheid

De moeilijkheid van een beweging als die van gelatenheid is, dat deze niet graag wordt afgerond. Het is een gebeuren wat zich niet aflatend blijft ontvouwen wanneer het denken eenmaal de bereidheid heeft gevonden eraan deel te nemen. Toch is het zo dat déze drie-voudige beweging van gelatenheid op een eindpunt is gekomen. De intimiteit van de nabijheid, het bij-zijn bij de dingen dat voortvloeit uit een oorspronkelijke ervaring van één-zijn die bij gelatenheid hoort is wat er in de ervaring van performance kan worden geoefend. Dat is wat er in dit onderzoek geprobeerd wordt te tonen door het in de act van het schrijven de ruimte te geven. Het overschrijdende vermogen dat aan performativiteit wordt toegeschreven is zeker een vermogen van zowel het na-denkende denken als van performances. De aard van deze overschrijding zit vervat in een bewegen door gelatenheid waarbinnen elke activiteit eerst tot niets moet worden om daarna over te gaan tot een andere, subsisterende verhoudingswijze. Daarbinnen wordt het zijn al spelende tot gebeuren uitgenodigd. Of het zijn daar plaatsneemt blijft echter altijd de vraag. Het is niet mogelijk een kwantiteit of definitieve productiviteit aan de werkzaamheid van gelatenheid toe te kennen. Even zozeer is het niet mogelijk om de ervaring van performance zomaar toe te passen buiten haar eigen zich-voltrekken om. Het is eerder van belang een blijvende relatie met deze oorsprong te onderhouden, deze te blijven bevragen. Op deze wijze, wachtend, komt het zijn.

BIBLIOGRAFIE

Primaire Literatuur

Eckhart, Meister. *Over God wil ik zwijgen: Preken & Traktaten*. Vert. C.O. Jellema. Groningen: Historische Uitgeverij, 2010.

---- *Deutsche Predigte und Traktate*. Red. en vert. Josef Quint. Zürich: Diogenes Verlag, 1979.

---- *Werke I & II: Predigte & Traktate*. Vert. Josef Quint, e.a. red.Niklaus Largier. Frankfurt am Main: Deutscher Klassiker Verlag, 2008.

Heidegger, Martin. 'Bauen Wohnen Denken' In: *Vorträge und Aufsätze*. Stuttgart: Klett-Cotta, 2009:139-156.

---- 'Das Ding.' In: *Vorträge und Aufsätze*. Stuttgart: Klett-Cotta, 2009:157-181.

---- 'Der Ursprung des Kunstwerkes.' In: *Holzwege*. Frankfurt a.M.:Vittorio Klostermann, 2003: 1-74.

---- '...Dichterisch wohnet der Mensch...' In: *Vorträge und Aufsätze*. Stuttgart: Klett-Cotta, 2009:157-181.

---- *Gelassenheit*. Pfullingen: Neske, 1959.

---- 'Nachwort zu 'Was ist Metaphysik?' In: *Wegmarken*. Frankfurt a.M.: Vittorio Klostermann, 1976 (1967): 303-312.

---- *Sein und Zeit*. Tübingen: Max Niemeyer Verlag, 2006.

---- *Der Satz vom Grund*. In: Gesamtausgabe abt. 1 bd. 10. Tübingen: Vittorio Klostermann, 1996 (1957).

---- 'Was heißt Denken?' In: *Vorträge und Aufsätze*. Stuttgart: Klett-Cotta, 2009:123-138.

Secundaire Literatuur

Aquino, Thomas van. *Summa Theologica.* Vert. Fathers of the English Dominican Province. New York: Benziger Brothers, 1947.

Bracken, Joseph A. 'Trinitarian Spirit Christology: In need of a new metaphysics?' *Theological Studies* Vol. 72 Nr. 4 (2011): 750-767.

Brockett, Oskar G. (eds.) *History of the Theatre.* Boston: Allyn & Bacon, 2003. (9. Uitg.)

Caputo, John D. 'Meister Eckhart and the Later Heidegger: The MysticalElement in Heidegger's Thought: Part One & Part Two.' *Journal ofthe History of Philosophy* Vol. 12 Nr. 4 (1974): 479-494 & Vol. 13 Nr.1 (1975): 61-80.

Cull, Laura. 'Performance as Philosophy: Responding to the Problem of'Application'.' *Theatre Research International* Vol 37 Nr. 1 (2012): 20-27.

Doosselaere, Etienne van. 'Durven leven zonder 'waarom'?': Heideggers visie op de gelatenheid.' In: *Over Heidegger gesproken.* Leuven, Apeldoorn: Garant, 1993.

Fischer-Lichte, Erika. *The Transformative Power of Performance. A new aesthetics.* London: Routledge, 2008.

Gadamer, Hans-Georg. *Wahrheit und Methode: Grundzüge einer philosophische Hermeneutik.* Tübingen: Mohr Siebeck Verlag, 1975. (4. Uitg.)

Gumbrecht, Hans Ulrich. *Production of Presence: What Meaning Cannot Convey.* Stanford, CA: Stanford UP, 2004.

Jackob, Alexander. 'Theater und Bilderfahrung in den Augen der Zuschauer.' Diss. Universiteit van Amsterdam, 2012.

Krämer, Sybille. 'Sprache – Stimme – Schrift: Sieben Gedanken über Performativität als Medialität.' In: *Performanz: Zwischen Sprachphilosophie und Kulturwissenschaften.* Red. Uwe Wirth Frankfurt am Main: Suhrkamp Verlag, 2002: 323-346.

---- (red.) 'Was haben 'Performativität' und 'Medialität' miteinander zu tun? Plädoyer für eine in der 'Aisthetisierung' gründende Konzeption des Performativen.' In: *Performativität und Medialität.* München: Wilhelm Fink, 2004. 13-32.

Mersch, Dieter. *Aura und Ereignis.* Frankfurt am Main: Suhrkamp Verlag, 2002.

Ohashi, Ryosuke. *Ekstase und Gelassenheit.* München: Fink Verlag, 1975.

Richardson, William J. *Heidegger: Through Phenomenology to Thought.* Den Haag: Martinus Nijhoff, 1962.

Rokem, Freddie. 'My last editorial.' Theatre Research International. Vol. 34 Nr. 3 (2009): 227-229.

---- *Philosophers and Thespians: thinking performance.* Stanford, Ca.: Stanford UP, 2010.

Saltz, David. 'Why Performance Theory Needs Philosophy', *Journal of Dramatic Theory and Criticism.* Vol. 16 Nr. 1 (2001): 149-154.

Schürmann, Reiner. 'Heidegger and Meister Eckhart on Releasement.' *Research in Phenomenology* Vol.3 Nr. 1 (1973): 95-119.

Visser, Gerard. *De druk van de beleving: Filosofie en kunst in een domein vanovergang en ondergang.* Nijmegen: SUN, 1998.

---- *Gelatenheid: Gemoed en hart bij Meister Eckhart.* Amsterdam: SUN, 2008.

Wirth, Uwe. (red.) *Performanz: Zwischen Sprachphilosophie und Kulturwissenschaften.* Frankfurt am Main: Suhrkamp Verlag, 2002.

Performances

Enfant. Boris Charmatz. Holland Festival. 8 juni 2012.

---- Szene Salzburg. *Vimeo.* 16 mei 2013. 20 juni 2013. 'https://vimeo.com/66306726.'

Soulsqueezing. Tian Rotteveel. Frascati Theater, Amsterdam. 2 november 2012.

---- *Vimeo.* 27 augustus 2012. 30 mei 2013. 'https://vimeo.com/48325729.'

08.09.2012 – 21.10.2012. Giorgia Andreotta Calò & Emanuele Wiltsch Barberio. 19 oktober 2012.

---- 'Artists, Giorgia Andreotta Calò, work/CV, *08.09.2012 – 21.10.2012' Wilfried Lentz.* 6 juni 2013. 'http://www.wilfriedlentz.com/#/Artists/Giorgio_Andreotta_Cal_.'

---- 'Giorgia Andreotta Calò in collaboration with Emanuele Wiltsch Barberio.' *Mediamatic.* 25 mei 2013. 'http://www.mediamatic.net/318142/en/giorgio-andreotta-cal%C3%B2.'

Recensies *08.09.2012 – 21.10.2012*

Bozzi, Nicola. 'An adventure of Inspired Solitude.' *Artslant.* 8 oktober 2012. 25 mei 2013. 'http://www.artslant.com/ams/articles/show/32241.'

Ruyters, Dominik. 'De ideale zondagmiddagervaring: Camera Obscura in het Smart Project Space. *Metropolis M*. 14 oktober 2012. 25 mei 2013.'http://metropolism.com/reviews/de-ideale-zondagmiddagervaring/.'

APPENDIX SUBSISTENTE RELATIES: OORSPRONKELIJKE AFHANKELIJKHEID

In de volgende verhandeling zal worden teruggegrepen op een specifiek concept van 'relatie' uit de scholastieke traditie. Deze subsistente vorm van relatie wordt door John D. Caputo ingezet in zijn artikel over de affiniteit tussen het denken van de latere Heidegger en dat van Meister Eckhart. Hij verwijst ernaar door Eckhart's opvattingen te verbinden aan de scholastische opvatting van relaties tussen de drie personen van God: 'For Eckhart, the being of the Father is to bear and that of the Son is to be born, and this unique situation, found only in the Trinity, in which a relation is not an accidental feature superadded to a substance but the very substance of the beings themselves, is called by the medievals a "subsistent relationship."'[228] In verband met zijn uitleg van de overeenkomsten tussen Heidegger's conceptie van *Ereignis* en Eckhart's uitleg van de godsgeboorte in de ziel merkt Caputo op dat het processuele, gebeurende karakter van beiden affiniteit kent met bovengenoemde middeleeuwse opvatting van relatie. De vraag is vervolgens of een uitwerking van de scholastieke achtergrond van het concept een nieuw licht kan laten schijnen op dat wat het denken van Eckhart en Heidegger verbindt. In wat volgt zal dan ook allereerst de subsistentie van relaties binnen de Triniteit in de scholastieke traditie worden uitgewerkt. Vervolgens word deze immanente opvatting van subsistentie in deel II verder uitgebouwd met betrekking tot een ander soort denken dat voortvloeit uit Eckhart's godsgeboorte in de ziel het latere, *Ereignis*-denken van Heidegger.

Deel I Immanentie

Subsistentie relaties in de Triniteit

In de Summa Theologica wordt de centrale vraag rondom de Triniteit opgevat als het probleem tussen de concepten 'persoon' en 'relatie'. De drie-eenheid is een menigvuldige eenheid die boven de traditionele, oorzakelijke opvatting van relatie verheven is. Hoe ziet een dergelijke niet-causale relatie eruit? Dat wil zeggen; hoe kunnen de relaties tussen de drie personen uit de Triniteit in hun essentie worden gedacht? Het antwoord is vertrouwder dan de scholastieke

---

228 Caputo. 'Heidegger and Eckhart II,' 63.

acrobatiek doet vermoeden. Door dit soort relatie op te vatten als subsisterend, ofwel, door een ontologisch structuurmoment te onderscheiden waarin Vader, Zoon en Heilige Geest één worden door een zichzelf-gevend vermogen, wordt duidelijk hoe de essentie, de unieke substantie, van drie personen kunnen opgaan in één eeuwig-wordend wezen van een drie-enig persoon. Eigenlijk bewerkstelligt een subsisterende relatie een zekere sprong die overeenkomt met de kloof die Heidegger in het denken tracht te overbruggen. Deze afgrond tussen Zijn en zijnden wordt ook wel ontologische differentie genoemd.[229] De sprong tussen zijnden en Zijn komt in reliëf wanneer het woord subsistentie gelijk wordt gesteld met de concepten persoon, essentie en hypostasis. Er wordt vervolgens niet langer gesproken van de relatie tussen personen, maar van een relatie die de personen zijn.

> Therefore a divine person signifies a relation as subsisting. And this is to signify relation by way of substance, and such a relation is a hypostasis subsisting in the divine nature, although in truth that which subsists in the divine nature is the divine nature itself. Thus it is true to say that the name "person" signifies relation directly, and the essence indirectly; not, however, the relation as such, but as expressed by way of a hypostasis. So likewise it signifies directly the essence, and indirectly the relation, inasmuch as the essence is the same as the hypostasis: while in God the hypostasis is expressed as distinct by the relation: and thus relation, as such, enters into the notion of the person indirectly.[230]

Een subsisterende relatie is dat wat het zijn van de Triniteit uitmaakt in de klassieke Christelijke theologie. Het wezen van hun persoon is deze subsistente verhouding, deze verhouding is de substantie van de personen in kwestie; het gebeuren tussen de personen is dat wat hen gewicht geeft, hun 'relatie tot' geeft hen een consistentie die niet

---

229 Vgl. Doosselaere. 'Durven leven zonder 'waarom'', 83. Een andere formulering voor bovengenoemd vraagstuk rondom het denken van Heidegger en Eckhart is Heideggers' omgang met het concept ontologische differentie. De achtergrond en relevantie van subsistentie relaties moet in de sprong tussen de kloof van Zijn en zijnden worden gezocht. In deel II wordt dit thema nauwkeuriger uitgewerkt.

230 Aquinas. *Summa Theologica,* question 29, answer 4.

als constitutie moet worden opgevat. Dit is een zeer essentieel punt: In subsistentie relaties wordt het dynamische, gebeurende karakter van een transformatie zichtbaar, maar tegelijkertijd wordt aan dit efemere fenomeen het gewicht van een een ijkpunt, een grond gegeven. Het bovenstaande citaat uit de Summa Theologica evoceert een zekere dynamiek, een gebeuren dat plaatsheeft in de subsisterende relaties van de Triniteit. Verhoudingen en begrippen lijken steeds van betekenis en plaats te wisselen, ze zich draaien om en buitelen bijna speels over elkaar heen. Wanneer deze drie personen zo zijn voorgesteld geven ze hun essentie, hun kern over aan een wordende structuur die hen opnieuw van substantie voorziet in hun verbonden-zijn-aan-, hun opgaan-in het één-zijn van de Triniteit. Echter, subsistentie zonder omhaal gelijkstellen met 'grond' en 'wezen' is een vrije en daarmee hedendaagse interpretatie van de oude opvattingen. Hoewel de differentie tussen persoon en relatie wordt opgeheven in de Triniteit blijft de kloof tussen relaties in eeuwigheid en relaties in de wereld zodanig in stand, dat de sprong tussen Zijn en zijnden niet kan worden gemaakt. Het citaat spreekt nog altijd van 'divine persons.' De eeuwigheid blijft staan, er komt niets 'naar buiten'.

Immanente en economische Triniteit: dynamische opvatting subsistentie

In het artikel 'Trinitarian Spirit Christology' over een nieuwe beweging binnen de systematische Christelijke theologie van Joseph Bracken wordt gerefereerd aan de middeleeuwse opvatting van subsistente relaties. Hedendaagse, systematische theologie haakt er kritisch op in om vervolgens een andere, meer dynamische verhouding tussen de personen in de Triniteit op te werpen. De immanente verhoudingswijze van de Triniteit werd binnen de scholastiek expliciet gescheiden gehouden van de relatie van de drie-eenheid ten opzichte van de wereld, die de economische verhoudingswijze van de Triniteit wordt genoemd.[231] De eerste verhoudingswijze werd door Aquinas gekenmerkt als eeuwige, ongeschapen en subsistente relatie, die losstaat van de 'wereldlijke' en geschapen relatie tussen God en mens. Voor Bracken is er een

231 Bracken, 'Trinitarian Spirit Christology', 751.

probleem met het scheiding tussen deze immanente en economische verhoudingswijze. 'The classical notion of the divine processions, in other words, presupposes the unilateral directionality of traditional cause-effect relations (first the cause, then the effect) even as it claims that this unilateral directionality from Father to Son and then to the Spirit is purely logical, not temporal, given the alleged eternity of the divine life.'[232] De eeuwige opvatting van de Triniteit wordt overmatig statisch voorgesteld door een onderliggende vooronderstelling van oorzakelijkheid stelt Bracken vast. Er moet een mogelijkheid zijn om een meer dynamische opvatting van subsistentie te denken. De vrij recente Spirit Christology probeert vervolgens niet alleen het klassieke dogma rond de immanente Triniteit te hervormen, maar ziet direct de mogelijkheid een nieuwe metafysica te introduceren. Dat betekent dat de subsistentie van relaties binnen de Triniteit niet enkel wordt overgeheveld naar de relaties tussen God en wereld, maar ook van toepassing wordt op intermenselijke relaties. Subsistentie wordt voornamelijk van belang geacht voor een nieuwe opvatting van intersubjectiviteit.

Voor hedendaagse theologie is het van belang het concept subsistentie een sprong van Zijn naar zijnden te laten maken. Het voorstel een meer dynamische opvatting van het scholastieke begrip toe te passen komt overeen met de ambities van dit korte onderzoek. De vraag is echter waar of de systematische theologie daarmee de kloof van de ontologische differentie niet over het hoofd heeft gezien. De sprong, het gebeuren van het Zijn in de wereld moet namelijk nog gemaakt worden voordat de subsisterende relaties op het vraagstuk van intersubjectiviteit kan worden toegepast. Wanneer vanuit wijsgerig perspectief de vraag naar de relevantie van subsistente relaties wordt gesteld moet er wellicht een stap terug worden gedaan. Het gebeurende karakter van relaties die een grond worden ín de wereld, is de inzet voor de volgende paragraaf.

Deel II Transcendentie

De aanleiding voor een kort onderzoek naar subsistente relaties wordt gevonden in aard van de affiniteit tussen het denken van Eckhart en Heidegger. Om wat voor een soort denken gaat het hier?

232 Bracken. Trinitarian Spirit Christology, 751.

Gerard Visser refereert aan de subsistente relaties in Caputo artikel en brengt deze in verband met zijn opvatting van 'gelatenheid als de verhoudingswijze van het toebehoren aan de wijdte'.[233] Deze formulering van het concept gelatenheid haakt in op het soort denken waarin het werk van Meister Eckhart en dat van Heidegger samenkomen. Caputo beschrijft hun relatie als volgt: 'The mystic for Heidegger is a kin and an ally, who says a great deal of what Heidegger himself want to say: there is more to thinking than reasoning; true language depends upon silence; in Gelassenheit a deeper truth reveals itself.'[234] In een artikel over Heidegger van Etienne van Doosselaere wordt uiteengezet wat Heidegger op het oog had wanneer hij in zijn latere werken teruggreep op de pre-socratici, Hölderlin en zich liet inspireren door de mystieke taal van Eckhart's preken. 'Het denken van het zijn eist een ander denken dan het metafysische en het berekenende denken. Om tot dit oorspronkelijker denken te komen moet de mens een sprong durven wagen.'[235] Concepten als 'gebeuren van het zijn', 'bezonnen na-denken', 'gelatenheid', 'transcendentie', 'afhankelijkheid van de grond', 'ontvankelijkheid', 'omvangen-zijn', worden gebruikt in de taal van dit andere denken. Het vereist een sprong om deze taal eigen te maken en het lijkt of het denken een vorm van handwerk, een ambacht is geworden. De schrijver vraagt dan ook geduld van zijn lezer, want wat volgt is een oefening in bezonnen na-denken. Het concept van subsisterende relaties toont iets van het soort denken dat er zelden over gezegd wordt; in het denken van het Zijn verdwijnt het denkende subject om op een andere wijze weer boven te komen. Er is iets wezenlijks veranderd tussen denker en gedachte; het gebeuren van dit denken is dat wat gelatenheid als verhoudingswijze van het toebehoren aan de wijdte is. De aard van de verhoudingswijze is subsisterend geworden, dat wil zeggen; de denker geeft zich over in de bereidheid één te worden met het gedachte. Wanneer dit soort denken een grond wordt voor het Zijn is dat niets minder dan een klein wonder.

---

233 Visser. *Gelatenheid,* 221 (noot 38).

234 Caputo. 'Heidegger and Eckhart II,' 80.

235 Doosselaere. 'Durven leven zonder 'waarom'?', 81.

Eckhart's godsgeboorte in de ziel: de niet-plaats van de grond

Voor de volgende stap wordt het bovenstaande transcendente denken geoefend via Meister Eckhart's opvatting van de relatie tussen de ziel en de godheid. De bovengenoemde ontologische differentie die in de opvatting van de Triniteit in de middeleeuwen zichtbaar werd is zeker op Eckhart's opvatting van God van toepassing. Voor hem is er een God die de eerste oorzaak is van alle zijnden, een schepper die zijn schepselen intendeert en er is een opvatting van God als godheid, die ongeschapen is, het Zijn zelf, en die daardoor eerder als oor-sprong dan als oor-zaak moet worden opgevat. De revolutionaire kwaliteit en daardoor ook direct het subversieve potentieel van Eckhart's gedachtegoed schuilt in de overdracht van een subsistente kwaliteit op de ziel. De ziel van de mens is de plaats waar een de geboorte van de Zoon plaatsvindt op aarde; dat wil zeggen, een oorspronkelijk door een economische verhoudingswijze gekenmerkte relatie tussen personen verandert in een subsistente verhoudingswijze tussen de godheid, opgevat als het Ene, en de ziel van de mens. In die Een-heid tussen de grond van de ziel en de godheid ligt het geheim van een vonk die binnenblijft, maar toch alles wat erbuiten ligt doet oplichten.

Wat is voor Eckhart de reden om de ziel deze uitzonderlijke kwaliteit toe te kennen? In Gelatenheid merkt Gerard Visser hierover op: 'In zijn leer van de Triniteit heeft Eckhart de Vader vereenzelvigd met de memoria, dat wat alles bevat, de Zoon met de intellectus, dat waarin alles wordt gekend, en de Geest met de voluntas, dat wat alles, als het wordt gekend, in liefde verenigt. Deze zelfde goddelijke vermogens heeft Eckhart in zijn zielsleer als de drie hoogste krachten van de ziel onderscheiden.[236] Zonder nu verder in te gaan op de implicaties die deze drie specifieke vermogens hebben op het karakter van de eenheid tussen godheid en ziel, wordt hier duidelijk hoezeer de spiegeling van de immanente Triniteit bij Eckhart overslaat op de grond van de ziel. 'Eckhart neemt een innerlijke eenheid aan tussen ziel en God. Zich onder meer baserend, evenals Aristoteles en zovele andere filosofen, op het beginsel van Empedokles, dat alleen het gelijke het gelijke

---

[236] Visser. *Gelatenheid*, 88,89.

kent [...]' De ziel is daarmee de plaats waar de ontologische differentie die de economische Triniteit van de immanente Triniteit gescheiden houdt op scherp wordt gezet. Er is een geschapen gedeelte en een ongeschapen deel in de ziel. In 'Heidegger and Meister Eckhart on releasement' toont Reiner Schürmann hoezeer de iht (created, 'het zijn van') en het wesene (uncreated, Grund) van de ziel verschillen van elkaar. Hun samengaan is een relatie gekenmerkt door differentie, die binnen het perspectief van de ontologische differentie te begrijpen is: de grond van de ziel laat het Zijn wezen, het is een vruchtbare grond voor het Zijn in het geschapene. De grond van de ziel is een plaats die het beste een niet-plek genoemd kan worden merkt Visser hierover op.[237] Daarom moet deze grond van de ziel niet worden opgevat als zijnde, maar als een zeker werken van,- als een afgrond waaruit iets tot bestaan komen. Het is een processueel concept dat Heidegger in zijn latere werken echoot: een rekenend denken brengt deze grond in de ziel niet in het zicht. Vanuit deze karakterisering van de ziel wordt volgens Schürmann Eckhart's uitzonderlijke ontologische standpunt duidelijk wordt: Voor hem is het Zijn de differentiële relatie tussen 'beingness and the soul's being' en daarmee is de mens de plaats waar dit Zijn gebeurt.[238] Het niets van de zielsgrond is uitermate geschikt voor de ongeschapen aard van de godheid en hun eenheid is subsisterend. De relatie tussen godheid en ziel wordt de niet-plaats waar het geheim van het Zijn, van de Eenheid tussen zijnden en Zijn, bewaard ligt. De vraag is nu hoe het wesene van deze geboorte overslaat in het iht van de ziel en daarna wellicht zelfs incarneert in het lichaam van de mens. Zou de godsgeboorte in de ziel misschien reeds de toegang zijn tot de nieuwe metafysica waar de Spirit Christology naar op zoek is?

Oorspronkelijke afhankelijkheid van de grond

Aan het einde van het eerste deel van Caputo's artikel wordt een korte opmerking gemaakt over een traditie die vanuit de Duitse mystiek via het Duitse Idealisme uiteindelijk terug komt in het *Ereignis*-denken van Heidegger. Er speelt in die traditie een

---

237 Visser. *Gelatenheid,* 171.

238 Schürmann. 'Heidegger and Meister Eckhart on Releasement,' 108.

grondmotief waarin er wordt uitgegaan van de idee dat God nood heeft aan de mens om in een zeker tekort te voorzien. In deel twee van hetzelfde artikel komt Caputo op dit idee terug in verband met de aard van de relatie tussen Zijn en Dasein. Daar spreekt Heidegger van een nood (*brauchen*) die niet onder woorden kan wordt gebracht door een rekenend denken. We kunnen de nood van het Zijn niet in termen van nut of gebruikswaarde vertalen. '*Brauchen* must be understood in the light of the fact that Being and Dasein belong together, that each complements and provides the proper element for the other. Each "helps" the other into the fullness of its being (*Wesen*).'[239] Deze omkering van de verhoudingen doet direct denken aan een subsistente relatie. Het denken van Eckhart en Heidegger komt samen in deze interpretatie van een zekere nood en afhankelijkheid tussen Zijn en *Dasein* en de godheid en de ziel. Daarin schuilt het wonder, het geheim, de crux van hun ondernemingen, die in het geval van Eckhart zelfs subversief genoemd zou kunnen worden.

Uit de bovenstaande verhandeling over de subsistentie-revolutie die de godsgeboorte in de ziel kan betekenen is nog niet duidelijk geworden hoe die revolutie er precies uitziet. De vonk van de subsisterende relatie tussen ziel en godheid is niet bedoeld om alleen het ongeschapen deel van de ziel te verlichten. Eckhart is er duidelijk over; de immanente eenwording van godheid en ziel straalt af op de geschapen zielsvermogens en van daaruit op het gehele leven van de mens. Wanneer subsistentie zeer kort door de bocht, voor het moment, oorspronkelijke afhankelijkheid van de grond wordt genoemd komt Eckhart's opvatting van de economische Triniteit daarin naar voren. De nood die God zou hebben aan de mens is een voluntaristische uitleg van een subsisterende relatie, maar wanneer afhankelijkheid wordt opgevat als een oorspronkelijk toebehoren-aan gebeurt er iets anders. Dan slaat er een vonk over tussen godheid en ziel, waardoor er een plaats is waar het Zijn gebeurt. Wanneer deze vonk blijft branden verlicht deze de ruimte tussen het geschapene en ongeschapene, tussen zijnden en Zijn. Op onbegrijpelijke wijze wordt de rijkdom van de eenheid tussen godheid en ziel overgegoten in al het geschapen zijn.

---

239 Caputo. 'Heidegger and Eckhart II', 68.

Wanneer de ziel zichzelf heeft leren loslaten om de godheid te kunnen ontvangen kan ook het leven, dat wil zeggen de omgang met de wereld, volledig omarmd worden. 'Alle dingen voor goddelijk leren nemen wil zeggen, optimaal en affirmatief voeling met heel het leven zien te krijgen. Eckhart verontachtzaamt de activiteit in het leven niet.'[240] De ontvankelijkheid die de grond van de ziel is en de afhankelijkheid, als relatie die de eenheid tussen godheid en ziel kenmerkt, verdubbelen zich in een subsistente verhoudingswijze van de mens tot de dingen in de wereld. Wat Visser ontvankelijkheid voor de stroom van het leven noemt zorgt er vervolgens voor dat de wereld niet langer berekenend en controlerend tegemoet wordt getreden. De dingen worden goddelijk en overstijgen hun eigenschappen binnen het werktuigelijke verband. Er ontstaat een ander soort nood aan de dingen, waarin de mens niet tegenover hen staat, maar naast hen staat en als het ware vriendschap met hen sluit. Wanneer het subsisterende karakter van deze gebeurtenis in de ziel vanuit de scholastieke traditie wordt getraceerd tot in Eckhart's opvatting dat we alle dingen voor goddelijk moeten leren nemen, opent er een venster op Heideggers' opvatting van gelatenheid. De godsgeboorte in de ziel betekent vanuit dit perspectief veel meer dan een immanente gebeurtenis; het maakt een andere, wonderbaarlijke zienswijze op de verhouding tussen mens en wereld mogelijk. Het is een verhoudingswijze die herinnert aan de oorspronkelijk afhankelijkheid van de grond.

---

240 Visser. *Gelatenheid,* 225.

Zeitfracht Medien GmbH
Ferdinand-Jühlke-Straße 7
99095 Erfurt, Deutschland
produktsicherheit@kolibri360.de